海上絲綢之路基本文獻叢書

交黎勦平事略（下）

〔明〕歐陽必進 撰

文物出版社

圖書在版編目（CIP）數據

交黎剿平事略．下 /（明）歐陽必進撰．-- 北京 ：
文物出版社，2022.6
（海上絲綢之路基本文獻叢書）
ISBN 978-7-5010-7504-1

Ⅰ．①交… Ⅱ．①歐… Ⅲ．①中國歷史－雜史－史料
－明代 Ⅳ．①K248.104.5

中國版本圖書館 CIP 數據核字（2022）第 065110 號

海上絲綢之路基本文獻叢書

交黎剿平事略（下）

著　　者：〔明〕歐陽必進
策　　划：盛世博閱（北京）文化有限責任公司

封面設計：鞏榮彪
責任編輯：劉永海
責任印製：張道奇

出版發行：文物出版社
社　　址：北京市東城區東直門内北小街 2 號樓
郵　　編：100007
網　　址：http://www.wenwu.com
郵　　箱：web@wenwu.com
經　　銷：新華書店
印　　刷：北京旺都印務有限公司
開　　本：787mm×1092mm　1/16
印　　張：11.5
版　　次：2022 年 6 月第 1 版
印　　次：2022 年 6 月第 1 次印刷
書　　號：ISBN 978-7-5010-7504-1
定　　價：90.00 圓

總緒

海上絲綢之路，一般意義上是指從秦漢至鴉片戰争前中國與世界進行政治、經濟、文化交流的海上通道，主要分爲經由黄海、東海的海路最終抵達日本列島及朝鮮半島的東海航綫和以徐聞、合浦、廣州、泉州爲起點通往東南亞及印度洋地區的南海航綫。

在中國古代文獻中，最早、最詳細記載『海上絲綢之路』航綫的是東漢班固的《漢書·地理志》，詳細記載了西漢黄門譯長率領應募者入海『齎黄金雜繒而往』之事，書中所出現的地理記載與東南亞地區相關，并與實際的地理狀況基本相符。

東漢後，中國進入魏晉南北朝長達三百多年的分裂割據時期，絲路上的交往也走向低谷。這一時期的絲路交往，以法顯的西行最爲著名。法顯作爲從陸路西行到印度，再由海路回國的第一人，根據親身經歷所寫的《佛國記》（又稱《法顯傳》）一書，詳細介紹了古代中亞和印度、巴基斯坦、斯里蘭卡等地的歷史及風土人情，是瞭解和研究海陸絲綢之路的珍貴歷史資料。

隨着隋唐的統一，中國經濟重心的南移，中國與西方交通以海路爲主，海上絲綢之路進入大發展時期。廣州成爲唐朝最大的海外貿易中心，朝廷設立市舶司，專門管理海外貿易。唐代著名的地理學家賈耽（七三〇～八〇五年）的《皇華四達記》記載了從廣州通往阿拉伯地區的海上交通『廣州通夷道』，詳述了從廣州港出發，經越南、馬來半島、蘇門答臘半島至印度、錫蘭，直至波斯灣沿岸各國的航綫及沿途地區的方位、名稱、島礁、山川、民俗等。譯經大師義净西行求法，將沿途見聞寫成著作《大唐西域求法高僧傳》，詳細記載了海上絲綢之路的發展變化，是我們瞭解絲綢之路不可多得的第一手資料。

宋代的造船技術和航海技術顯著提高，指南針廣泛應用於航海，中國商船的遠航能力大大提升。北宋徐兢的《宣和奉使高麗圖經》詳細記述了船舶製造、海洋地理和往來航綫，是研究宋代海外交通史、中朝友好關係史、中朝經濟文化交流史的重要文獻。南宋趙汝適《諸蕃志》記載，南海有五十三個國家和地區與南宋通商貿易，形成了通往日本、高麗、東南亞、印度、波斯、阿拉伯等地的『海上絲綢之路』。宋代爲了加强商貿往來，於北宋神宗元豐三年（一〇八〇年）頒佈了中國歷史上第一部海洋貿易管理條例《廣州市舶條法》，并稱爲宋代貿易管理的制度範本。

元朝在經濟上採用重商主義政策，鼓勵海外貿易，中國與歐洲的聯繫與交往非常頻繁，其中馬可·波羅、伊本·白圖泰等歐洲旅行家來到中國，留下了大量的旅行記，記録元代海上絲綢之路的盛况。元代的汪大淵兩次出海，撰寫出《島夷志略》一書，記録了二百多個國名和地名，其中不少首次見於中國著録，涉及的地理範圍東至菲律賓群島，西至非洲。這些都反映了元朝時中西經濟文化交流的豐富内容。

明、清政府先後多次實施海禁政策，海上絲綢之路的貿易逐漸衰落。但是從明永樂三年至明宣德八年的二十八年裏，鄭和率船隊七下西洋，先後到達的國家多達三十多個，在進行經貿交流的同時，也極大地促進了中外文化的交流，這些都詳見於《西洋蕃國志》《星槎勝覽》《瀛涯勝覽》等典籍中。

關於海上絲綢之路的文獻記述，除上述官員、學者、求法或傳教高僧以及旅行者的著作外，自《漢書》之後，歷代正史大都列有《地理志》《四夷傳》《西域傳》《外國傳》《蠻夷傳》《屬國傳》等篇章，加上唐宋以來衆多的典制類文獻、地方史志文獻，集中反映了歷代王朝對於周邊部族、政權以及西方世界的認識，都是關於海上絲綢之路的原始史料性文獻。

海上絲綢之路概念的形成，經歷了一個演變的過程。十九世紀七十年代德國地理學家費迪南·馮·李希霍芬（Ferdinad Von Richthofen，一八三三～一九〇五），在其《中國：親身旅行和研究成果》第三卷中首次把輸出中國絲綢的東西陸路稱爲『絲綢之路』。有『歐洲漢學泰斗』之稱的法國漢學家沙畹（Édouard Chavannes，一八六五～一九一八），在其一九〇三年著作的《西突厥史料》中提出『絲路有海陸兩道』，蘊涵了海上絲綢之路最初提法。迄今發現最早正式提出『海上絲綢之路』一詞的是日本考古學家三杉隆敏，他在一九六七年出版《中國瓷器之旅：探索海上的絲綢之路》中首次使用『海上絲綢之路』一詞；一九七九年三杉隆敏又出版了《海上絲綢之路》一書，其立意和出發點局限在東西方之間的陶瓷貿易與交流史。

二十世紀八十年代以來，在海外交通史研究中，『海上絲綢之路』一詞逐漸成爲中外學術界廣泛接受的概念。根據姚楠等人研究，饒宗頤先生是華人中最早提出『海上絲綢之路』的人，他的《海道之絲路與昆侖舶》正式提出『海上絲路』的稱謂。選堂先生評價海上絲綢之路是外交、貿易和文化交流作用的通道。此後，大陸學者馮蔚然在一九七八年編寫的《航運史話》中，使用『海上絲綢之路』一詞，這是迄今學界查到的中國大陸最早使用『海上絲綢之路』的人，更多地限於航海活動領域的考察。一九八〇年北京大學陳炎教授提出『海上絲綢之路』研究，并於一九八一年發表《略論海上絲綢之路》一文。他對海上絲綢之路的理解超越以往，且帶有濃厚的愛國主義思想。陳炎教授之後，從事研究海上絲綢之路的學者越來越多，尤其沿海港口城市向聯合國申請海上絲綢之路非物質文化遺産活動，將海上絲綢之路研究推向新高潮。另外，國家把建設『絲綢之路經濟帶』和『二十一世紀海上絲綢之路』作爲對外發展方針，將這一學術課題提升爲國家願景的高度，使海上絲綢之路形成超越學術進入政經層面的熱潮。

與海上絲綢之路學的萬千氣象相對應，海上絲綢之路文獻的整理工作仍顯滯後，遠遠跟不上突飛猛進的研究進展。二〇一八年厦門大學、中山大學等單位聯合發起『海上絲綢之路文獻集成』專案，尚在醖釀當中。我們不揣淺陋，深入調查，廣泛搜集，將有關海上絲綢之路的原始史料文獻和研究文獻，分爲風俗物産、雜史筆記、海防海事、典章檔案等六個類别，彙編成《海上絲綢之路歷史文化叢書》，於二〇二〇年影印出版。此輯面市以來，深受各大圖書館及相關研究者好評。爲讓更多的讀者親近古籍文獻，我們遴選出前編中的菁華，彙編成《海上絲綢之路基本文獻叢書》，以單行本影印出版，以饗讀者，以期爲讀者展現出一幅幅中外經濟文化交流的精美畫卷，爲海上絲綢之路的研究提供歷史借鑒，爲『二十一世紀海上絲綢之路』倡議構想的實踐做好歷史的詮釋和注脚，從而達到『以史爲鑒』『古爲今用』的目的。

凡例

一、本編注重史料的珍稀性，從《海上絲綢之路歷史文化叢書》中遴選出菁華，擬出版百册單行本。

二、本編所選之文獻，其編纂的年代下限至一九四九年。

三、本編排序無嚴格定式，所選之文獻篇幅以二百餘頁爲宜，以便讀者閱讀使用。

四、本編所選文獻，每種前皆注明版本、著者。

五、本編文獻皆爲影印，原始文本掃描之後經過修復處理，仍存原式，少數文獻由於原始底本欠佳，略有模糊之處，不影響閱讀使用。

六、本編原始底本非一時一地之出版物，原書裝幀、開本多有不同，本書彙編之後，統一爲十六開右翻本。

目録

交黎勦平事略（下）

交黎剿平事略（下）

卷四

〔明〕歐陽必進 撰

明嘉靖三十年刻本

交黎勦平事畧卷之四

奏疏

欽差提督兩廣軍務兼理廵撫兵部右侍郎兼都察院右副都御史臣歐陽　　爲走報地方緊急黎情事據廣東都司軍政僉書署都指揮僉事梁希孔呈稱奉委統兵防捕崖州黎賊嘉靖二十七年九月十三日據東界緝事軍人楊小七等報有止強石訟賊首那燕等搆結凡陽千家羅活抱牒德霞抱宥多澗落段否淺八十餘巢黎賊約五千餘徒突至大小落基山屯聚來攻

山馬地附廓坊廂等情本職督同指揮趙廷華
王維達官脫章張凱等各率軍兵打手及土舍
許承宣自帶家兵齊向交戰當陣斬死黎賊四
十餘名止斬得功級五顆餘賊逃竄回山陣傷
達官張凱一名旗軍徐廷秀等三名總甲鍾漢
一名打手高朝等十名土舍許承宣家丁十餘
名幸得各處鄉村秋毫無動獲功人員并効勞
軍兵備行崖州犒賞陣傷官兵照例處恤外爲
照止強石訟等巢黎賊聚黨兇悍本職所部官
兵驅馳程途遠涉至彼多有水土不服又值地

方歲歉米穀騰貴疾病者多寡莫敵衆而濱海之地實無堪調應援之兵若俟晝圖貼說請兵大舉一時緩不及事況今秋末一州田地拋荒穀粟顆粒無收人民惶怖早乞督發戍守狼兵或打手一千名應援截捕再乞請調右江附近州縣土官目兵六七千名委謀畧指揮二員部領前來暫行鵰勦一二村巢使其驚懼少得目前之安等因到臣據此案查先據廣東按察司帶管分巡海南道僉事陳崇慶呈前事內開據海南衛督備儋昌崖三所地方指揮王維瓊州

府崖州廵捕吏目王徽并崖州守禦千戶所各
申呈禀稱本年四月初三日據被害軍民林成
余賢等各告稱止強村黎人越出地名頭道水
殺死五人及黎應乾妻又包圍羊林村刼去耕
牛五十二隻又攻懷山園殺死軍餘李一鵬等
三名軍人石堅妻盧氏民戴冀見壇同妻黃氏初
四日在南下路殺死林膺林二等父子四命并
殺死黎芳晃民壯符孟恩等出于高村路殺死
牧牛人余引孫刼去沙牛三隻又黎人一宗出
即落村殺死軍人劉坤妻毋二命初五日又在

小落基村前殺死民吳印及小女二命初六日黎賊四百餘人突過高地大山馬地村燒毀民鄭受哥等房屋殺死民王元清奪去牛三十一隻已行州所掌印巡捕官起集軍兵截捕又據崖州知州葉應時稟稱問華土舍黎芳晃潛帶甲頭肆爲侵擾遂致黎人奔逸猖獗釀成大釁具稟到道嚴行府衛州所并督備官督率軍兵追捕如果黎芳晃侵擾起釁就便撫諭解散其黨又據崖州守禦千戶所申備崖州董平鄉民黎紹穆告稱嘉靖二十六年十二月初二日本

州判官差趙坤文將壚土碗入止強村每家派
碗一箇取膳鷄一隻壚一碗取芝蔴五升各黎
遵從初四日趙坤文同王細恩捉拏黎人那燕
綁縛圖賴先次盜伊馬鞭勒取牛三隻或銀三
兩賠還那燕不忿吽伊姪男那内那乃當時殺
死趙坤文王細恩那燕投入羅活峝各黎驚懼
迸散那燕遺禾穀半倉嘉靖二十七年三月内
本州差民壯符孟恩押黎芳晃前去收取各黎
不與前禾黎芳晃回至抱世路口被黎殺死同
家人黎懷義符允英黎進德等并軍民余賢等

數命及小旗王直走報四月初十日黎賊圍刦
新興村燒毁房屋傷死民陳世雄等備倭總旗
詹瓚帶軍救護與賊對敵當將詹瓚射死備申
到道查與指揮王維知州葉應時所禀及府衛
呈報事情大異參詳各官前後具禀申報雖云
不同但激變黎情根由皆有顯跡可據今該所
申報判官黄本静奸貪科擾黎人致縱趙坤文
等乘機捉局勒取牛財激黎大變殺人刦村禍
及無辜情甚可惡但出該所一面之詞中必有
故且該所署印百户王羽目擊地方重情相應

急報却乃遷延悞事應合叅究除行府衛選委
謀勇府佐指揮等官各一員督領軍兵親詣該
州嚴督督備指揮王維并州所掌印巡捕巡司
哨守等官兵及該管土舍村首人等多方追捕
前賊及查致激起釁根由并各賊出刦鄉村燒
毀房屋殺死人口擄去牛畜各若干如果黃本
静激變就便撫諭觧散仍將各犯問罪招詳等
因該前提督兩廣軍務兵部右侍郎兼左僉都
御史張　會批看得地方激變黎情事各有因
該州判官并差入黎人役嚴提追究失事人員

參求提究餘依擬行及看得各黎激變之由實
因判官黃本靜貪贓壞法撫字失宜所致案行
廣東按察司一面備行該道速將各黎撫處以
散其黨毋貽患害一面行拏州判黃本靜審究
明實具招連人解審續據海南衛并瓊州府崖
州各申備被害生員軍民陳相黎勉仁等各告
被黎賊流刦殺人擄掠財畜燒毀房屋及判官
黃本靜牌差甲頭趙坤文科擾激變事情又該
都御史張 會批各黎為亂始於止強一村激
變之由自有所坐仰分巡海南道即便量抽帶

雷廉二府軍兵民壯人等前去該地方兼同本
處軍快黎兵人等責委能幹官管領相機撫剿
仍將判官黃本靜并平日剥害黎村奸民一一
拏送按察司究問毋致延緩及出告示撫諭各
黎散回村峝安分住種保守身家并行委都指
揮梁希孔帶領新會縣打手容岳等二百八十
七名前去會同分巡該道即於雷廉二府衛量
抽軍兵民壯及從宜起調本處附近府衛州縣
所軍快黎兵鄉夫選委謀勇官管領兼同該州
所掌印巡捕哨守等官將爲惡作亂黎村首從

賊徒查出從長計議相機勦撫以散其黨若賊勢重大必須大舉亦就具由通呈以憑會虜未報續該臣接準文據瓊州府申備崖州申本年五月初三日據保平村民潘仕坤等報稱止強等村黎賊一千餘徒攻燒房屋四百餘間燒死民蛋男婦蘇惡圭等數十餘命刦掠財畜本州巡捕官督率民壯鄉兵到護方退又據藤橋巡檢司申據臨川里永寧等鄉民陳受王廷應蔡芳等幷生員王凌翰等各呈告稱四月十二等日黎賊攻打樂羅下水小龍樂盤等村燒毀房

屋殺人刧財備申到州又據崖州千户所舍餘胡俊告稱四月初六日路遇黎賊趕殺民王懷毋并不識名一人俊走入山育男蔡四亦被砍死又據適州耆士民黎仕卿等呈稱本州極處海邉嘉靖十八九年羅活抱宥等村黎賊作亂蒙調官兵征勦及委參將鎮守僅得六年稍安近奉議革前官未幾止強石訟等村残黎那燕那乃那内等起謀集衆本年四月初三日截殺里長黎芳晃突刧山馬地新興等村今東界黎峝抱籠抱亂等村黎首苻亜利苻亜璧等亦皆

效尤肆出攻烧樂盤樂道等三十餘村殺人刦
財乞請急賜附近衛所素有謀畧勇將一員并
漢達官軍打手及儋州七坊瓊山縣沙灣黎兵
三四千名先來防護地方城池次調土狼官兵
數萬前來勦滅本州連年荒旱米價騰貴官兵
糧餉俱乞預行區處等情據此照得本州孤懸
絕島内抵黎嶺外接海商全憑山馬地新興保
平水南等村周護城池今前賊生計先攻各村
殺人擄財民蛋失所東界抱籠抱亂等村效尤
殺擄累行藤橋通遠三巡檢司截捕彼亦人少

地隔無以禦敵州所旗軍民壯郷兵策應不敷
訪得黎人所憚動曰程叅將若得調委提兵而
来將不戰自服若有別委量於各衛選取素有
謀畧武將一員帶領軍兵數千及調七坊沙灣
黎兵速赴拯救然後動調大兵征勦等因又准
督備指揮王維手本據崖州守禦千戶所申據
本州所熟黎并軍民生員土舍男婦高那妹王
公煥黎紹穆等陸續呈告并准合水營領哨千
戶俞宗闢及崖州牒備藤橋巡檢司申據民蕭
廷章黃秉仁林文清等呈告俱被東西止強抱

籠抱亂抱喉境教他劳他喇打来打鴈抱虽抱角打日打蝦抱挑南栁羅葵南連公糠抱打假等村黎賊那燕林亞煉等攻打山馬地新興北廂三义河落盤番墓白地壇竈海邊淡水沙尾高沙厥竹林典打等處鄉村殺死人命擄去男女牛畜又據崖州北廂民婦容氏狀告四月初三日黎賊殺死夫黎玉川及民人苻一方狀告四月十三日黎賊攻燒海簷田庄殺死佃民男婦陳弘等六命擄去陳赤一女刦去耕牛三十六隻燒毀禾穀又據第五都民鍾興狀告義父

先置落羅田堆積三年禾穀一萬五百秤在倉
本年四月二十日被止強等嵩黎賊盡燒一空
殺傷民陳秩等三人禍因本州貪贓知州葉應
時判官黃本靜累差民壯賴以學雇民王仕廣
替當同黎兇哥承牌進小營黎村外科馬站并
雜項銀穀被黎賊殺死王仕廣又差趙坤文進
止強黎村外派麖皮蜈蠘等貨被賊殺死趙坤
文王細恩本州官吏瞞昧上司又差土舍黎紹
穆往村批封賊首那燕那現禾倉復差民壯苻
孟恩押黎芳昇昇帶同苻允英仍進止強村搬運

那燕等未敷被黎忿怒激亂又無異境吏白役門子吳世隆周文佐李珠環方文訓孫德輝等計取各黎砍納六房等項木榭每條取銀四五錢方繞註數以此激變黎賊等因各到府除將判官黄本靜拏究另詳一面行州所豎立大旗招安撫處及照西界地名止强石訟等村賊首那燕等結搆東界地名抱籠等村賊首苻亞利等乘機倡亂糾合千餘黨燒刦村瀉殺人擄畜情犯深重罪不容誅本府即會海南衛暫委指揮周昇選撥軍一百一十名又添撥軍三百名

本府委照磨杜格率領民壯一百二十名協同
防守文添撥民壯三百八十名奏該衛旗軍通
共九百一十名委官督率前去該州防禦相機
處報及將萬州陵水感恩三州縣土舍王天啓
符廷瑞王世熙婁德儒王應琦管轄黎兵諭令
精選各防守本州縣賊路要衝以遏交通令文
報賊千餘約日出攻城廓鄉村合無一面先行
從權暫調儋州文昌定安瓊山澄邁臨高等州
縣七坊沙灣等峒土舍黎酋符日昭劉邦政許
承宣王行可王道勳王順寧王世儒王一正等

各管轄聽調黎兵共約五千名選集聽候及行
海南衛抽撥各所旗軍舍餘一千名委指揮一
員統領前去相機策應仍乞速募新會縣打手
五百名并推選謀勇參將或都指揮一員統領
直趨崖州鎮壓邊境各黎若自悔過以求生路
聽撫歸巢如仍不畏即行勦結畫圖貼説善惡
村分就將黎兵與旗軍打手分布哨道委官統
領進勦止強石訟等尚挫其鋭氣以息殘黨如
或怙終不悛另調兩廣漢達官軍數萬委官統
領征勦等因到臣又經會批統領官與打手已

有行矣其餘事情仰分廵道即日疾趨該地方
會同梁希孔相機審勢恊畫施行申内事勢似
急無更徐徐可也速由詳報及該臣催行帶管
分廵海南道僉事陳崇慶都指揮梁希孔即將
雷廉二府衛軍兵民壯人等作速量抽統領不
分雨夜兼程馳往崖州會同起調本處附近府
衛州縣所各軍快土舍黎兵鄉夫人等選委謀
勇能幹官員各管領前到該地方兼同該州所
掌印廵捕哨守等官分布防禦振揚兵威相機
勦撫先將良善不與村分撫諭安定以絶其黨

撈偶爾脅從村分撫諭開釋以散其黨與然後
將其首惡村分臨以必勦之威開以求生之路
從宜撫處務使
國法得伸地方寧靖如或賊勢重大稔惡不悛不聽
撫處據情論法應該大舉勦滅即將應分哨道
合用兵糧等項事宜逐一會議周詳計處停當
具由通呈以憑會處施行及督行瓊州府推官
藍渭前去崖州督率官軍兵壯土舍峒首黎兵
鄉夫人等分布守把相機設法勦撫續據都指
揮邢希孔呈請添兵緣由又行廣東布政司支

銀三百兩發仰新會縣添募打手三百名并撥
指揮馮良佐哨官軍三百八十一員名達官舍
十五員名行令本官部領前去崖州截遏文據
瓊州府申備崖州申據西廂保平里民黎世重
黃富等告稱五月初三日被止強村黎賊殺死
民李召端及燒殺男婦陳緇周暹等一百餘命
燒毀房屋四十餘間刦去牛隻財穀文據抱崇
巡檢司申備八所村民黎定亨告稱五月初四
日黎賊截伏砍死男黎應科色剳嶺脚水溝樂
路刦殺人牛初七日攻圍八所村本司帶同鄉

兵前去防捕各賊退訖又據巡緝民壯邢燿宗
報稱止強等村黎賊燒刦大蛋村時本州知州
葉應時督同巡捕吏目王徽并報督備指揮王
維守禦千户王鳳鳴洪曉百户王羽督率旗軍
民壯人等策應被賊殺死軍人蘇鐸鄉兵民蛋
奮勇射死二賊傷有三十餘徒身屍各賊奪走
鄉兵黎道宗等射傷一賊生擒送州續據西廂
大蛋等村民蕭允賢等并生員黎孟芳各告稱
五月初三等日黎賊殺死收禾人林氏同男蕭
冬〻二及攻燒各村房屋殺死生員陳德全并民

蛋男婦黎日進等刦擄牛隻文據通遠巡檢司
申稱五月十一日鄉兵林彪報稱黎賊砍進羊
欄村本司督率弓兵鄉夫救護被賊射傷王本
菲等七名兵夫射死二十餘賊内獲一功解州
看得前賊日加肆出為害愈甚合候申請多調
各衛所漢達官軍并儋州七坊瓊山沙灣土舍
黎兵救護等因備申前來文經會批仰分巡海
南道作速查行毋坐誤事機致貽民患先今未
盡事宜聽權宜處分由報又據瓊州府申據崖
州申備生員蛋民麥亨李壽山潘必緒陳朝瓚

等各告稱五月初三日黎賊殺死民陳懋中廖
孟臣等燒毀房屋搶刦家資又擄抱歲巡檢司
申備大蛩村民蘇鑑等告稱五月初九日前賊
包村燒屋殺死男婦蘇鷄畜等二十餘命藤橋
巡檢司申稱巡檢唐本連督率鄉兵楊洪等殺
得賊級二顆又擄永寧鄉里老民人王廣禄林
文秀等告稱黎賊刦殺民黎汝實等保平大蛩
等村民麥會林萬壽等告稱五月初三等日黎
賊殺死民潘紈林檀香李氏等擄去牛畜藤橋
巡檢司申稱巡檢唐本連督兵吳鶴等殺獲賊

級二顆解州又據民黎本溪告稱五月初三日
帶同家人前去收禾被賊殺死母蕭氏家人劉
朝哥等三命搶牛六隻抱歲巡檢司申備山脚
等村教官林迥霄村民蘇廷俊等告稱五月初
八等日黎賊攻村燒屋殺死黃那路妻射傷王
周定等擄去牛穀家資文據南廂民慕容端告
稱因賊倡亂欲赴軍門建言忽遇黎賊九百餘
徒攻村燒毀房屋五十餘間殺死陳氏射傷周
小義刦去牛三十餘隻容端走報指揮王維坐
視放軍散行不護容端與辯唱軍扛打容端刦

去盤纏銀一兩衣服破失又據東廂民周世册
等并民壯邢耀宗告報五月十六日黎賊一千
餘徒攻燒山馬地村本州廵捕官督兵對敵殺
傷賊約五十餘徒身死賊黨奪退又傷打手胡
國茂并村民周世策等四人及船户蔡胡仔報
稱州差臨川塲吏吳德琳領銀囬塲買壇候濟
軍兵被黎賊殺死吳德琳并搭船客人蔡克詹
等四命千多保平等村民黄萬全林廷禄黄一
龍等告稱止強否浅抱班等村黎賊約六百餘
徒刦村殺死男婦馮氏陳世英陳世榮蒲亞汝

鄭紳陳士等燒毀房屋擄去牛馬等情到府看
得前賊流刦毒害深可憫惻合無先行儋州調
取七坊黎兵苻日昭兵七百名劉邦政兵三百
一十名差巡檢李瑞陰陽官黎君然部領前去
崖州協同見在官兵防守等因又該臣會批據
申黎賊肆刦已四十餘日軍門雖已督發官兵
計程遥遠未能即到勢也該府去崖州不遠賊
勢至此尚未見一官一卒赴彼策應府佐貳官
多在乃以一照磨塞責使之遷延道路畏縮觀
望及其事急徒欲借勢於峒黎然則

國家設置府衛官吏將何爲也又如二巡檢司尚能
督率鄉民敵退賊勢以崖州一千户所曾不見
遣一官兵出護何村指揮王維又覗顔恐心打
搶告人是無法也仰分巡道通行查究應參官
負參呈定奪賊勢已熾該道即宜督率官兵俱
眾希孔徑趨崖州協謀相機剿捕撫虜如兵復
不足聽於附近府衛再行量調務期大張
國威安定地方毋或稽遠乖誤重貽民患又據崖州
申稱黎賊流刦各村及本府行提判官黄本静
雇船於六月初四日發送家眷詹氏男黄栻表

叔胡震家人黃添孫丫頭秋蓮并金銀首飾衣服下船被黎賊突来將詹氏等殺死擄去秋蓮并財物去訖等因又會批仰分巡海南道查行并據海南衛申准督備指揮王維關備崖州儒學生員潘鳳鳴告稱判官黃本静差趙坤文黎芳晃科害激變黎人緣由又經會批據申又覆止以黃本静激變爲辭夫黃本静激變之罪已經拏問矣該衛所官督備官世享爵禄當此有事並未聞其出一兵與賊一面以捄一村一民於危厄之中曾一廵檢司之不若然則

國家設置衛所世費爵祿以豢寵此輩將何爲也本
即當擧問但事在緊急仰分巡該道姑將各官
俸糧查自失事之日爲始住支該州掌印巡捕
官一體住俸俱令其戴罪殺賊候事寧之日備
查始末功罪參呈施行續又據帯管分巡海南
道僉事陳崇慶呈准都指揮梁希孔手本開稱
本年八月十五日據東界緝事軍人韓小外等
禀報止強石訟等處黎賊約二千餘徒包圍多
懊村攻打未破本職當督漢達官軍打手前去
奮勇對敵斬獲賊級一顆殺死賊人一十餘名

因賊多衆奪屍不能斬級致被箭傷打手四名
傷死戰馬一匹前賊奔遁囘山兵少不能窮追
雖調乜坊黎兵千名然與黎人同類犬牙相爲
犄角只得留守城池不堪截遏伏乞添發戍守
狼兵或報効土兵打手一千名查委謀勇指揮
一員督領前來應援如若招安不悛合就畫圖
貼說將應分哨道合用兵糧會議另呈等因備
呈前來又委雷州衛指揮顧賢督領軍門聽調
新會陽山二縣打手并恩恩府報效目兵共八
百餘名前去崖州聽梁希孔統領協勢防捕隨

據該道主保都指揮梁希孔手本開稱崖州山
勢頗重若候動調大兵撲勦難應目前之急只
得從權設計招撫近日東西二界脅從爲惡挖
港新村沙鍋南辨南夏抱雷洛豪小多抛黑港
多港大多抛匿才景才草尾大寨邁村抱打等
村黎首蘇那氷蘇那昂符那立王那貴等各來
投見本職開諭利害示以恩信各亦輸誠悔罪
備行該州措備魚鹽花紅牛酒犒賞各黎紅旗
一面給與回村安住每十日一次來見以羈其
不與止強石訟聲援崖民亦漸回村居業惟止

瀲沿岩千家否淺止肥抱合羅活抱宥德霞抱
㵩抱道抱萬芊村雖經多方撫諭尚爾負固反
側難慶爲照前賊殺擄人財流劫鄉村罪惡貫
盈應該殄滅但事情重大非敢輕舉及查茅力
丑亞等處應該立營把截保民耕種第今兵分
勢寡早乞催促指揮范德榮并前呈打手狼兵
前來鎮壓除將未出黎村加意撫處觀其向背
另議等因到臣又經會批據先呈已委指揮䄂
賢督領打手狼兵八百餘名趨赴矣范德榮未
經征戰仰耶查如果可用另呈督發去後今據

前因臣會同鎮守兩廣地方總兵官征蠻將軍
太保兼太子太保平江伯陳　議照廣東瓊州
府地方僻在一隅孤懸海外黎岐山峝盤據聯
絡而崖陵等州縣切近五指諸山尤爲黎寇淵
藪自昔叛服無常嘉靖十七等年間大肆猖獗
至二十年該前提督兩廣軍務兵部左侍郎兼
右副都御史蔡　鎮守兩廣地方總兵官征蠻
將軍太子太保安遠侯柳　奏
請調兵征勦地方平寧迄今僅及七年而止強石
訟等村賊首那燕那内那乃等又復效尤倡亂

傳箭邀黨大肆流刦殺擄人畜焚燬室廬事雖
發於判官黄本静一人縱下之所激而地方官
平素撫字之無方武備之不脩均有不得而辭
者臣等謹遵照欽奉
勅諭但遇賊寇生發即便相機可撫則撫可捕則捕
及便宜處置事理當行分巡該道將黄本静拏
解按察司究問地方失事官員姑暫令住俸戴
罪捕賊給榜招安委都指揮梁希孔統領官兵
前去撫捕内抱浩新村沙鍋南辨南夏抱雷洛
豪小多拋黒泥多港大多拋匿才景才草尾大

案邁村抱打等村即已悔罪輸誠投身聽撫惟止強石訟千家否淺止肥抱谷羅活抱宥德霞抱道抱萬等村尚爾負固猖獗至於敢肆刦近城廓村分拒敵官軍論法即當殄滅但釁端起於一人一村今叛亂雖衆誠恐其中尚有心欲投順而不能自達迫於脅持而不能自脫者除臣等一面先行廣西左右兩江土官衙門整搠土兵聽調一面備行廣東布政司會同都按二司各掌印官將合用兵糧等項事宜計議及委先經統領征剿原任分守雷廉高肇地方今被

劾聽調左參將武鸞統領官軍疾趨崖州會同
守廵官與都指揮梁希孔恊謀相機撫散黨與
剿除渠兇若仍固負猖獗勢須大舉即將應剿
村分應分哨道應用兵糧等項事宜悉心計議
畫圖貼說會呈施行通候議處停當及事寧之
日備查有功失事人員另行
奏報外緣係走報地方緊急黎情事理爲此具本
題
知
嘉靖二十七年十一月二十九日

欽差提督兩廣軍務兼理巡撫兵部右侍郎兼都察
院右副都御史臣歐陽　爲懇乞大兵剿除
剿惡黎賊早救民命以全地方事據廣東布政
司呈准本司等衙門右布政使等官蔡雲程等
咨各准本司咨關抄奉臣案驗據守巡海南兵
備僉事等官陳崇慶等呈前事依奉行准廣東
按察司整飭兵備兼分巡海南道副使朱憲章
手本准原任參將武鸞都司署都指揮僉事梁
希孔手本會同議照崖州止強石訟千家羅活
抱宥德霞等巢黎賊首那燕那撣那奪那恨那

貶那吗等本以梟獍蠻會憑負嶮巇梗化始因激變遂至滔天盗弄兵戈僭稱名號恃五指等山以爲窟穴結感昌諸黎以爲聲援而那恨等先幸漏綱而偷生今逞兇强以糾衆搆集感恩縣古鎮州峩淺等巢賊首苻門欽等大肆猖獗攻圍縣治拒敵官軍已非一次虜劉人民何止百千姦淫婦女擄掠牛畜燒燬房屋搜檢財物兇焰益張横行無忌昌化縣巫峩落漫抱英大官田抱板等村亦皆乘時響應隨從助惡刦財殺人村落爲之丘墟道路因而阻塞軍民受禍

慘不勝言告愬紛紜呻吟滿耳罪惡既已貫盈
神人之所共怒師出有名刑在不赦若不大加
誅討則一州二縣之民久失耕種饑餒流離地
将無民矣先該會議兩哨監統各分小哨諸路
並進示頻周詳但恐地方廣濶巢穴數多賊徒
強衆事體重大誠有如軍門明見所慮者職等
仰遵成筭會同計議再三審訪叅酌停當相應
分爲三大哨一中大哨分五小哨由感恩以至
抱臘千家等處進一左大哨分六小哨由陵水
縣以至藤橋大茅田等處進一右大哨分五小

哨由昌化縣以至芽安陀巒等處進此皆質諸
父老詢訪鄉導況職等親履其地目擊耳聞略
得真實伏望再賜裁奪早乞差官齎執
令旗令牌督調左右兩江土官目兵及漢達官軍
打手人等齊集分委官員監統尅期進剿緣照
先年用兵班師太早漏網數多兵退數年旋復
爲患爲今之計必須駐兵久困務使根株悉拔
噍類無遺以雪萬姓之寃用靖一方之難功收
萬全一勞永逸毋徒目前竣事之急致貽日後
擾攘之虞再照用兵地方界連一州三縣層峰

疊障山嶺聯絡林菁蒙密巢穴星散按圖方寸
之間地里遠近不一若軍兵數少則分布不敷
土兵虛數此其故事伏乞軍門量加派撥庶得
實用其先聽撫今爲惡村巢相應撲剿及先因
激變陽順陰助近聽撫村分暫給旗榜護守候
事有次第另議呈奪及把截地方冊內分別開
載明白合用軍餉糧米賞功銀兩銀牌花紅段
紗布疋號頭旗榜紙劄樂財犒勞牛酒魚塩與
夫軍火器械硝磺等件及渡海艚船渡港船隻
浮橋簰筏等項請乞各行所司預爲買辦整理

解發收貯聽候應用庶免臨期缺誤其餘善後事宜候各哨進兵事有次第另行會議呈奪等因備將再議過應剿黎賊村巢首從名數進兵哨道圖冊開送到道查得各官審訪善惡鄉村應留應剿議分三大哨又於各哨量分小哨進止機宜合用漢達土官軍兵打手名數及軍中一應事宜各官倣照歷年征進事規開款議報示已曲盡與本道審訪府州縣等官事體相同又准都指揮梁希孔手本開稱嘉靖二十八年二月二十六日據緝事傳報止強石謊等巢元

惡那藏等已入亢陽等山搆集岐賊聚數八千
限三月初間要出與官兵戰鬬是以本職於彼
練兵屯結裝束候其截捕又據馬嶺營哨守百
戶陸中玉口報及感恩縣知縣項邦柱呈稟賊
首苻門欽等即目又要糾集各賊攻刦縣邑大
南屯等處等情到道看得各賊日加兇熾近又
敢各僭樹官名擅用旗鼓出入聲言搆黨拒敵
官兵攻畧州縣此實法所必誅罪在不赦者也
唯應速葵以慰民望為此今將送到圖冊開送
前去煩為查照會議施行備行到司該布政司

掌印右布政使蔡雲程會同按察司掌印按察
使李遂都司掌印署都指揮僉事劉滋分守海
南道右參議方民悅巡視海道副使黄光昇帶
管糧儲左參政沈應龍議照前項叛黎憑恃險
阻大肆猖獗崖民節被殘掠而村落爲空感恩
繼遭圍困而焚燒殆盡殺戮男婦慘不可言拒
敵官軍罔無所忌群聚犬羊而遠邇望風響應
包藏變詐而負固比昔益堅罪惡貫盈神人共
憤
天討在所必加大征斯不容已合用調集漢達土官

軍兵多寡開報各峝村巢首從賊徒名數分别善惡鄉村布列進止哨道等項機宜已該兵備副使朱憲章叅將武鸞都指揮梁希孔親臨審覈俱亦詳悉但該道條議事件比照嘉靖二十年大征舊規間有未備職等亦經叅酌損益開立前件議擬明白合候呈詳允日備行各該衙門查照一一作速舉行務要先事整備毋致臨期缺乏應用監督統督紀功并管理糧賞文武官員與廣西土官目兵人等并聽軍門選委督調尅期前去用事其中尚有未盡情節職等雖

以遂度並聽各官隨機濟變應呈請者徑自呈
請施行等因又據瓊州府崖州鄉官原任知縣
趙文獻余繼舉教官温仁張繼芳黎仕華蕭成
張統林迥霄王有本監生楊仕輔趙邦教生員
黎士奇張源等連名呈爲緊急賊情懇乞大兵
征勦事切見止強一村倡禍諸黎怙亂已經一
年攻破村鄉殺擄人財不可勝數蒙軍門發下
榜文深懲激變之人開誠撫諭許其自新守巡
道奉行節次委官招安都指揮梁希孔原任叅
将武鸞先後繼至皆以撫安爲先諸黎却乃恃

強負悍桀驁不聽示諭誓死必戰聲言奪城據地愈肆猖獗竊照崖黎先年爲患不過十百爲群一遇軍兵罔敢拒敵今則動以千萬直前抗戰殺人如菅彼黎素無統紀今則各樹名號有總兵黎將指揮千百户等官名目坐轎乘馬張傘執旗戰有紀律鋒莫敢犯又搆感恩縣古鎮州黎賊攻毀縣治幾陷崖以東至陵水以西至昌化七百餘里之路阻絶不通各民離散田地抛荒饑莩充塞僵尸道路慘不可言幸得分巡朱副使新臨鎮壓但彼衆我寡未免相持且僭

萬等處黎酋素懷異志乘之而起三州十縣竟爲所圖緣今各賊勇戰甚可寒心彼若乘勝長驅城郭盡爲屠戮非急大舉不能掃除以救殘民非久屯駐不能殲滅以免後悔懇乞憐憫海隅蒼生早撥大兵征剿仍設參將府于其中開通道路立營要地殲其餘黨然後相宜設立官司屯所募民居耕以圖經久等因各到臣據此

案查先爲走報地方緊急黎情事節據廣東按察司帶管分巡海南道僉事陳崇慶并海南衛及瓊州府崖州各呈申稱崖州西界止強石訟

等村黎賊首那燕等作亂攻刦鄉村殺擄人財燒毁房屋及判官黄本静差趙坤文等科擾激變緣由前来俱經陸續督調漢達官軍打手目兵人等行委廣東都司署都指揮僉事梁希孔原任叅将武鸞爲各統領前去崖州會同該道守巡官嚴督該府州縣衛所官兵相機設法剿撫并行按察司将判官黄本静拏究及行分巡該道将該衛所官督備官該州掌印巡捕官各俸糧自失事之日爲始住支俱令戴罪殺賊候事寧備查始末功罪叅呈施行及該臣會同鎮守

兩廣地方總兵官征蠻將軍太保兼太子太保

平江伯陳　具本題

知外續據守巡海南兵備僉事等官陳崇慶等會

呈據瓊州府崖州廩增附生員裴源澤王昂等

六十名連名呈稱本州外饒海濱群黎沓險內

據種類繁盛恒爲民患其羅活德霞抱宥多潤

千家等村已於嘉靖二十年征剿幸獲平安而

遺孽猶存若止強石訟落晚否淺晨門多港抱

臘抱雷等八十餘村雖以招安於一時實則長

傲於今日數年以來苟且羈縻面從心叛土舍

甲頭里役之輩又多倚勢科尅彼方蓄怨乘機不期稔惡趙坤文承差科擾當激殺死嘉靖二十七年四月初三日又激殺黎芳晃等釀成大禍即肆猖獗黨合群黎攻燒附城民村新興中間路北邉千陀保平番坊大蛋小蛋高山郎芒打蓆及東西二界三亞抱旺等一百餘村殺死本學廩膳生員陳德全弃生員陳相麥芬潘鳳鳴父陳世雄麥本教潘紈生員陳理男陳懋忠潘奇會女及軍民詹瓊趙鐸等計千餘命擄掠財畜燒毀房屋不可勝計揚言掃除鄉村决要

攻害城池鄧蒙上司榜文及差儋州七坊峒黎招撫各黎執拗不服且云我殺人數多罪不可免于今只殺到死爲止决不服招你每若再進來定是殺了等語幸蒙統兵截捕城池僅保無虞但東至陵水西至感恩相距六百餘里猖獗之勢不減於昔時耕牧之民不得以出入道路阻塞田地拋荒米價騰貴餓莩在途民之流離於他鄉者無既積屍盈野哭聲震天殘黎害物之慘殆萬倍於儋州之符南蛇矣切趙鉚文黎芳晃及判官黃本靜之妻孥家屬數口已殺疑

若彼之讐怨可復顧乃長惡不悛諸峒之相附日堅乘風響應愈肆叛逆殺戮無忌動輙支解月無寧日其蔑視

王法甚矣罪不容誅若不預為之所則積勢日深群黨固結棟焚之及崖民無噍類矣軍士久戍錢糧之費耗寧有紀極也呈乞轉達請調兩廣漢達狼兵尅期大舉破其巢穴擒其渠魁滅其種類將來之太平有日而未盡之殘喘可蘇等情又據崖州軍民鄉老見黎文忠陳嚴等八十名連名呈同前因并據小山馬地村軍民吳遷李琚

等各狀告有止強石訟等處黎岐搆結感恩縣
古鎮州等處黎賊約有五千餘衆將本村包圍
攻打房屋盡行焼毀殺擄男婦陳其韜等一十
餘命財畜一空并據感恩縣申准掌印知縣項
邦柱關稱崖黎倡亂越過本境殺擄人牛緣本
縣原無城池邑僻村孤民稀兵少雖設民壯三
十五名亦無人民應當實難捍禦近據走報古
鎮州峩淺等村賊首苻門欽等聲言要攻縣但
今人民無倚俱各流離四散誠恐患生不測乞
爲殄滅等因各職會同議照瓊州府崖州止強

石訟千家羅活抱宥德霞等一百餘巢賊首那蕪那奪那吽那貶等倚山負固稱爲牛首將目據險爲惡有年今乃嘯聚搆結感恩縣古鎮州峩淺峩峩乍等處賊首府門欽等肆意衝突流刦鄉村殺死人命千餘燒毀廬室殆盡迫近城廓掃蕩村場荼毒生靈刦擄牛年禍已慘極人神共怒法在必誅伏乞動調兩廣漢達官軍土兵人等尅期撲剿殄滅根蔓等因連繳會議過應分哨道圖冊前來臣等又經會行廣東都布按三司各行掌印并該道守巡兵備海道管糧等

官及原任叅将武鸞都指揮梁希孔督同該府
州縣掌印官将應剿黎賊村巢再行備細審訪
分别應留應剿的確另畫圖本應分哨道合用
官兵糧餉賞功銀兩軍器馬匹船隻等項俱一
一倣照歷年征進事規查議款列呈奪及行分
廵海南道副使朱憲章親詣該州再加推誠布
德給示責令相信人役賫領入峒加意撫諭使
知軍門體恤示以好生不殺之仁但有原被逼
脅隨從爲亂者許即散回照舊住種或與相信
人役赴官投首與免本罪𢚩回原住鄉村安插

復業趁時耕種本分營生依舊糧差已往之愆俱不追究其原爲首倡亂之人罪不可赦省諭自行擒送到官依律處治又據該道呈稱感恩縣古鎮州賊首存門欽等糾黨攻圍縣治崖感道路梗塞不通乞於軍門見在打手土兵挑擇精銳三千名差官三十員名銃手三十名瓜哇銃二十把并火藥硝黃等項及將指揮張麒哨官軍選委謀勇指揮二員能幹千百戶四員統押前來交與叅將武鸞部下責令於崖感適中處所如牙力营感九所包地方立營遏截等因

又該臣等會行廣東都司督調廣州右衛指揮
劉一葵更替指揮張麒管領本哨官軍四百零
五員名幷摘撥下班達官舍二十員名神電衛
瓜哇銃手十五名俱責委神電衛指揮黑孟陽
張重仁督押及行分巡嶺東道選撥長樂程鄉
等縣打手九百零三名差官督押前去聽參将
武鸞調遣防捕續准兵部咨爲緊急重大黎情
早乞添兵應援事該巡按廣東監察御史黄
題前事本部看得前項黎賊敢恃兇逆倡亂一
方鄉落遭其荼毒官兵被其殺傷惡貫已盈罪

在不宥但其起亂之由實因判官黃本靜貪殘無耻所致蓋其初散塩鐵失馬鞭即綁縛取牛以激那燕之忿繼而趙坤文王細恩被殺又發票封倉以為償命之資致將土舍黎芳晃等殺死因遂激變諸黎構黨驟成海濱大患知州葉應時行事乖方撫夷失職釁端雖起於一旦弊源實積於平時廣東都司海南衛崖州守禦千户所百户王羽督備儋昌崖地方該衛指揮僉事王維平居則狃於宴安共取饜於夷族有事則交相退託遂釀禍於生靈俱應參究既該御

史黄　具題前來俱應題

請合候

命下之日本部移咨提督兩廣都御史歐陽　會

同總兵官陳　查照御史黄　所奏事情協

謀計處審勢相機如果流毒鄉邑法不可原横

行猖獗勢不容緩一面星馳具

奏一面從宜動調廣州肇慶等處達官達舍及附

近衛所官軍左右兩江土兵大約不過九千員

名分作三枝選委謀勇文武官員統領前去將

前項稔惡黎賊村峝查審明確分别畫圖相機

進剿諸不係爲惡村峒先期分委的當人員曉
諭安業勿使自相驚疑進兵之日仍戒勿得折
馘良善濫及無辜以希功賞違者聽巡按御史
指實參劾其或首惡已就誅擒餘黨願從招撫
即行從宜處分或即要害處所團結軍兵置戍
或令村峒黎長歲時到官省諭不必興師動衆
以滋邊患可剿則剿可撫則撫務期蠻氛早蕩
邊域底寧以稱委任及照起釁判官黄本静催
行按察司究問從重發落失事知州葉蘸時百
户王羽指揮王維通屬有罪但念用人之際合

無脩從所請姑令截住俸糧戴罪殺賊仍移咨
都察院轉行彼處巡按御史隨軍紀驗并查都
指揮梁希孔先次領兵與黎賊對敵損傷的實
數目通候事寧之日將剿撫過及有功有罪失
事人員審擬參酌分別等第具
奏完奪等因覆題奉
聖旨是欽此欽遵備咨前來通行欽遵及差委神電
衛指揮范德榮管押軍門聽調順德縣打手梁
文會等并思恩田州報効目兵共七百一十五
名前去崖州協同見在官兵併力截捕并差官

分援督調廣西左右兩江土官目兵聽候分哨
進剿續又准兵部咨該臣等會題前事奉
聖旨兵部知道欽此欽遵本部看得題稱崖州地方
止強石訟等村賊首那燕等又復効尤倡亂傳
箭邀黨大肆流刦殺擄人畜焚毀室廬事雖發
於判官黄本靜一人縱下之所激而地方官平
素撫字之無方已經行委都指揮梁希孔統領
官軍前去撫捕內抱浩新村等村即已悔罪輸
誠聽撫惟止強石訟等村尚爾負固倡儆各一
節查與御史黄　所奏相同合咨前去煩照

本部先次咨文備奉
欽依内事理會同總兵官陳 一體查照施行備咨
准此又經通行遵照去後今據前因臣會同鎮
守兩廣地方總兵官征蠻將軍太保兼太子太
保平江伯陳 議照瓊州府屬崖州感恩昌化
等縣地方止強峩淺巫峩等村黎賊那燕等本
以潏殄遺孽因忿倡亂遂乃扇動徒黨傳箭効
尤臣等念其釁端起於有司倡首成於一人節
行該道守巡兵備等官引咎開誠多方撫戢及
行拏判官黄本静正罪以伸其憤乃猶敢益肆

猖狂畧無省悟攻圍城廓刦掠鄉村擄財必繼
以蕩焚殺人動至於支解或愈撫而負固益堅
或暫從而尋復背叛或陽順而陰逆或没東而
出西馳突充斥之勢益甚於往年狡猾變詐之
機莫測其常性今又敢僞擬總兵叅将指揮千
百户等官名號坐轎乘馬張傘執旗三州縣之
地遭其破殘一海南之境被其搔動罪惡貫盈
神人共憤此
王法之所必誅而弗可赦者也旣經該道守廵叅将
等官重復計議應勦村峝應分哨道畫圖貼説

前来文該三司各官覆行會議相同委應亟舉
除一面督行廣東布政司整辦軍需糧餉等件
一面差官齎執
令旗令牌分投催督左右两江土官目兵及起調
附近衛所漢達官軍民壯打手人等行委鎮守
廣西地方副總兵沈希儀原任分守雷廉高肇
地方左叅将今聽調武鸞廣東都司署都指揮
僉事梁希孔守備惠潮地方惠州衛支俸都指
揮僉事張淙等統領尅期抵巢按圖撲剿仍照
例約會巡按廣東監察御史同行糾察姦弊紀

驗功次及委布政司官一員總理軍前糧賞仍
候督催官兵齊日分定哨道尅定進剿日期另
行會本具
奏外緣係懇乞大兵剿除劇惡黎賊早救民命以
全地方事理爲此具本
嘉靖二十八年五月十五日
欽差提督兩廣軍務兼理廵撫兵部右侍郎兼都察
院右副都御史臣歐陽　爲預處兵後地方
以圖治安事據廣東布政司呈奉臣等案驗前
事該本司掌印左參政沈應龍會同按察司掌

印帶管都司印事副使蔡克濂議照瓊州府屬地方乃古珠崖儋耳之地孤懸海外民岐雜居黎猉峒寇往往恃險負固肆行剽掠生民屢遭荼毒之慘有司漫無撫禦之策嘉靖二十年内賊首那紅等倡亂奉調官兵剿平添設參將一員在於崖州住劄地方賴以稍寧嘉靖二十六年又以冗員議革迄今甫及二年而賊首那燕等又復倡亂此其效驗足有明徵見奉軍門調兵征剿計日蕩平復蒙督念預行議處添設官員住劄撫綏鎮壓此誠瓊崖地方萬世之計海

外蒼生無窮之福也職等公同會議得該府地方原該設有海南守巡官今查布政司止額有左右參政左右參議共四員分守嶺南嶺西嶺東海北四道事務其海南道事務常以海北事簡行令兼理是以官無專責又以渡海艱險少有親臨其地者其分巡官兼理兵備雖於該府住劄又因地方廣遠經歷難周况崖萬二州相去府城數百餘里一遇有警馳報經旬緩不濟事茲欲圖爲久安之計除分巡官額於府城住劄外必於崖萬二州再設專官住劄庶彼此相

依章克有賴合無乞爲奏
請復設參將官一員布政司添設分守右參議一
員加以撫黎職銜各請給
勑諭參將官專住劄崖州分守官專住劄萬州與分
巡兵備官更番廵視操練兵爲撫輯黎民防禦
海寇釐革奸弊振揚威武遇有盜賊生蕟公同
計議統督官兵相機勦捕各官若有遷轉須候
新官交代不許輙便離任如有不能候代事情
參將查於都司僉書官守廵查於布按二司事
務稍簡官員呈請暫代亦令前去各該地方住

劄行車等因到臣據此案查先該臣等議照瓊州府地方孤懸大海之外黎岐盤據其中所賴以鎮定而撫輯之者惟守巡官緣分守官因無專責多不親臨分巡兵備官雖例於該府住劄亦以事故不常權攝者多掛虛名不肯巡歷其地至嘉靖十九年内又因事添設叅將官於崖州住劄近於嘉靖二十六年内又以事寧冗員奏革以致大海之外三千餘里之間經歲無一上司官至其地州縣官吏因而敢於縱肆科索朘削漫無紀極民黎既迫於誅求亦復玩慢忿

戾無所顧憚此則今日崖感黎首那燕等激變
叛亂之所由起也已經奏奉
欽依見行調集兩廣漢達土官軍兵分定哨道行委
副參三司等官監統進剿仰仗
天威滅亡可待但欲為地方久安之計要在兵後議
處得宜葢大亂之後必有撫綏安定之方以調
攝其尫羸其責在守巡又必有鎮靜彈壓之術
以消彌其餘孽其責在參將今十三州縣之間
地方綿邈除瓊州府已定有分巡官住劄外應
否於何州縣設一分守官何州縣設一參將官

各任劄又作何處置使各官俱任有專責志有
定向遇有事故不致缺人如內地三司然各州
縣雖在海外之遠而法度昭明紀綱振肅官吏
有所畏而不敢肆奸宄有所憚而不敢萌此亂
後急務之最重大而不可緩者查得往年征剿
各地方兵後事宜俱俟班師事寧方行議處今
該府相去京師萬里若候事寧始擬舉行則展
轉之間動是經年不無緩不及事除地方別項
一應區處事宜俱仍候事寧另議外所據前項
議處守巡參將官事情干係重大急務應須奏

請已行廣東布政司轉行按都二司各掌印官會同從長查議除分廵官額於瓊州府任劄外其餘何州縣應設分守官何州縣應設叅將官分守官應否添撫黎職銜與叅將官一同請給
勑諭以便行事各官隔在海外遇有事故應否候代如有不能候代事情應否坐定何官暫代亦令任劄俱一一會議停當具由通詳去後又准兵部咨爲剗除黎患以靖地方以圖經久事該吏科右給事中鄭廷鵠題前事本部看得本官題稱瓊州府屬崖州感恩昌化地方黎賊搆亂負

固不憚進兵之數止於九千不無尚寡當添調狼土官兵打手數萬期以不誤軍機聲勢大振所至披靡及稱成功在勇圖揆在謀克捷雖難經畧爲上其所當圖揆并經畧者各三事乞要再加詳議施行一節爲照本官前項疏陳大意以黎寇之猖獗異常兵必大集征必慎謀藉謀以揚威則巨患可息乘威而布法則善後可圖是其聞見真切計慮周詳相應議擬合候

命下本部移咨提督兩廣都御史歐陽　會行總兵官督同該地方官員計量賊勢如果重大即

便添調狼兵募集打手人等及時並進大加剿
除其始也據陵水以擣其穴而遏其趨安黎岐
以散其黨而孤其勢土舍藏姦多方防杜首功
多寡不必大拘如前所云當圖撲者其終也招
集新民定以約束多興學校禁挾弓矢復故地
設縣所授田廬鑿通衢防阻塞建參將於要地
使之晝便宜治城廓興水利徙反側如前所云
當經畧者若果有關於用兵及善後之道務要
一一舉行中間倘有未盡或難於執泥者亦聽
隨時斟酌期於計出萬全功收一舉以為瓊人

永利勿蹈往年故轍狃於近功因循苟簡塞責了事其所稱建立叅将久任責成一事尤係要務查得嘉靖十九年瓊崖等處巳經設有此官後該彼處提督建言裁革不虞其有今日似失之輕合無備行撫鎮衙門作速查議如果相應復設即便相擇適中堪以住劄地方畫圖貼說并查舉謀勇素著堪任叅将官數員一併題請定奪再照前項黎賊僭立名號攻逼所城流刦鄉村殺害人民不計其數州縣地方五六百里之間道路為之不通是其禍甚慘而勢甚危地

方兵備而下軍衛有司責俱難辭但時屬軍典
過亦可使合無仍行兩廣提督軍門徑自嚴督
各官戴罪幹理彼中兵糧等項待候事畢分别
功罪明白具
奏以憑議擬賞罰等因具題奉
聖旨這剿捕黎賊并處置地方事宜都依擬行兵備
等官姑着戴罪管事欽此欽遵備咨前來欽遵
通行外今據前因臣會同鎮守兩廣地方總兵
等官征蠻將軍太保兼太子太保平江伯陳
巡按廣東監察御史陳　議照瓊崖地方孤懸

大海之外自有天地以來即為黎岐巢穴盤據五指諸山蔓延十三州縣其附近者為熟黎固已入版籍任稅役為編民遠者為生黎力食自營無預於州縣熟黎惟為編民故土舍里長得以凌轢而剝削之州縣官得以刑罰而誅求之故每每激之而至於生變生黎惟無預於州縣故無土舍里長之擾而州縣官亦無因而誅求之故未見其為患縱有之亦不過為熟黎所誘脅耳是瓊黎之變非為無州縣以統治之實起於官州縣者之非其人州縣官之貪肆亦非為

無法制以禁治之實起於典法制者之無其官查得瓊州一府十縣三州之地止一分廵副使其分守官原缺設以分廵兼管其初授而來也每畏怯而甚遲及遇有事故而去也多僥幸而甚速其在任則又公出住府之時多而廵歷考覈之日少各州縣每數年不一見上司入其境聞其俗察其政而黎民亦懵懵然無所控訴聽有司之爲至其弗堪則惟有反而已矣至嘉靖十九年大征之後始添設一条將後以条將官不得其人專務威福士民不樂遂議罷夫既有

不才有司官以激之而又無一將領官以鎮壓之此崖黎之變所以一動而弗可輯者也茲者

官軍大集進剿有期仰仗

天威滅亡可待顧惟地方久遠之計不在於多殺戮以為功惟在於飭法制以善後譬之身焉彼既為編民猶之手足肌膚也惟風寒暑濕之失其養而後震掉躑躅痿痺之患所由生治之者惟去其疾之甚調攝其元氣以漸復其初而又其為吾用則已矣若盡棄之則何以為身也所據三司等官議呈要添設分守官與參將以為善

後之圖委應依擬但地方當大變之後添設各
官要在得人若尋常照資推用則或不能當其
才又或以別省官推陞則亦無以濟目前之急
臣等查得見任巡視海道廣東按察司副使黄
光昇明達足以照奸而事機善應縝密足以立
政而計慮克周見任分守海北兼管海南道廣
東布政司右參議方民悅深沉不露而事出有
條從容不迫而慮動有濟此二臣者均堪備分
守官之任者也見任添註廣東都指揮使司署
都指揮僉事俞大猷以忠義立心每奉公而忘

已以意氣從事恒虚巳以下人隨所至而士民
咸歸隨所委而事功克就胸中兵甲自負不群
目前將帥鮮有其儷原任分守雷廉高肇地方
今聽調左叅將武鸞老成不肆謀勇有爲夙理
新興之寇雖嘗多事而寡功近守感恩之城克
屢出師而有獲此二臣者均堪備叅將之任者
也如蒙乞
勑下該部再加查議倘以臣言爲不謬乞將黄光昇
方民悦二臣内推用一員量陞叅政職銜令其
分守海南地方兼管撫黎於儋州駐劄俞大猷

武鸞二臣内推用一員充海南叅將官暫於崖
州駐劄各授以
勅書令其欽遵行事凢地方善後事宜聽會同該道
分巡官相機恊謀開誠布公審向背以定其約
束之規察好惡以經其賦役之制興禮義以華
其邪心厲武威以銷其異志明賞罰以一其趨
肅官箴以重其體俟威徳昭布黎民信服之日
如其機有可乘勢堪改拓何處可添設州縣何
處可改建叅將府何處道路可通何處屯田可
設亦聽其明白開呈畫圖貼說以憑酌量奏

請施行以後各官并海南分巡官遇有陞遷事故
等項須候交代方許離任着為定規再照崖州
去瓊更僻且遠崖州既設叅將應再設一守備
官於感恩住劄以為聲援就以見用新陞總督
廣東備倭以都指揮體統行事指揮黑孟陽改
任原缺另行推補候地方事寧之日應否存革
另議奏
請定奪緣係預處兵後地方以圖治安事理未敢
擅便為此具本請
旨

嘉靖二十八年十一月二十三日
欽差提督兩廣軍務兼理巡撫兵部右侍郎兼都察
院右副都御史臣歐陽　為懇乞大兵剿除
剿惡黎賊早救民命以全地方事案查先准兵
部咨為緊急重大黎情早乞添兵應援事該巡
按廣東監察御史黃　題前事內稱崖州地
方止強石訟黎賊那璩等搆結各村黎黨四千
餘徒流刦鄉村殺擄男婦燒毀房屋敵殺官兵
東奔西出勢甚猖獗兇焰蔓延迫近城廓伏乞
勑下兵部嚴行撫鎮諸臣撫剿等因該本部查議合

候
命下之日本部移咨提督兩廣都御史歐陽　會
同總兵官陳　查照御史黃　所奏事情協
謀計處審勢相機如果流毒鄉邑法不可原橫
行猖獗勢不容緩一面星馳具
奏一面從宜動調廣州肇慶等處達官達舍及附
近衛所官軍左右兩江土兵大約不過九千員
名分作三枝選委謀勇文武官員統領前去將
前項稔惡黎賊村峝查審明確分別畫圖相機
進剿諸不係爲惡村峝先期分委的當人員曉

諭安業勿使自相驚疑進兵之日仍戒勿得折
馘良善濫及無辜以希功賞遠者聽巡按御史
指實叅劾其或首惡已就誅擒餘黨願從招撫
即行從宜處分或即要害處所團結軍兵置戍
或令村峝黎長歲時到官省諭不必興師動衆
以滋邊患可剿則剿可撫則撫務期蠻氛早蕩
邊域底寧以稱委任仍移咨都察院轉行彼處
巡按御史隨軍紀驗等因覆題奉
聖旨是欽此欽遵又准兵部咨爲走報地方緊急黎
情事該臣等會題前事奉

聖旨兵部知道欽此欽遵本部查與御史黄　所
奏相同咨臣查照本部先次咨文備奏
欽依内事理會同總兵官陳　一體查照施行各備
咨前来臣等俱經通行欽遵會議續據廣東布
政司呈該本司掌印右布政使蔡雲程會同按
察司掌印按察使李遂都司掌印署都指揮僉
事劉滋分守海南道右叅議方民悦巡視海道
副使黄光昇帶管糧儲左叅政沈應龍覆議得
前項叛黎憑恃險阻大肆猖獗崖民節被殘掠
而村落爲空感恩繼遭圍困而焚燒殆盡殺戮

男婦慘不可言拒敵官軍罔無所忌群聚犬羊而遠邇望風響應包藏變詐而負固比昔益堅罪惡貫盈神人共憤

天討在所必加大征斯不容已合用調集漢達土官軍兵多寡開報各峝村巢首從賊徒名數分別善惡鄉村布列進止哨道等項機宜已該兵備副使朱憲章參將武鸞都指揮梁希孔親臨審覈俱亦詳悉但該道條議事件比照嘉靖二十年大征舊規間有未備職等亦經參酌損益開立前件議擬明白合候呈詳允日備行各該衙

門査照一一作速舉行務要先事整備毋致臨期缺乏應用監統監督紀功并管理糧賞文武官員與廣西土官目兵人等並聽軍門選委督調尅期前去用事其中尚有未盡情節職等難以遥度并聽各官隨機濟變應呈請者徑自呈請施行等因又據瓊州府崖州鄉官原任知縣教官監生生員趙文献温仁揚仕輔黎仕奇等連名呈爲緊急賊情懇乞大兵征剿事内開止強一村倡禍諸黎怙亂已經一年攻破村鄉殺擄人財不可勝數今則各樹名號有總兵叅将

指揮千百户等官名目坐轎乘馬張傘執旗戰
有絕律銲莫敢犯懇乞憐憫海隅蒼生早發大
兵征剿等因各前来又該臣等會議得崖州感
恩昌化等縣地方止強戕淺等村黎賊那燕等
本以漏殄遺孽因忿倡亂遂乃扇動徒黨傳箭
效尤臣等念其釁端起於有司倡首成於一人
節行該道守巡兵備等官引咎開誠多方撫戢
及行拏判官黄本靜正罪以伸其憤乃猶敢益
肆猖狂略無省悟攻圍城郭刦掠鄉村擄財必
繼以蕩焚殺人動至於支解或愈撫而負固益

堅或暫從而尋復背叛或陽順而陰逆或沒東
而出西馳突充斥之勢益甚於往年狡猾變詐
之機莫測其常性今又敢僞擬總兵叅将指揮
千百戶等官名號坐轎乘馬張傘執旗三州縣
之地遭其破殘一海南之境被其搖動罪惡貫
盈神人共憤此
王法之所必誅而弗可赦者也既經該道守巡叅将
等官重復計議應剿村峝應分哨道畫圖貼說
前來又該三司各官覆行會議相同委應亟舉
又經會本題

知及行廣東布政司整辦軍需糧餉等件并差官

齎執

令旗令牌分投前去起調左右兩江土官目兵并

附近衛所漢達官軍民壯打手人等文行委鎮

守廣西地方副總兵沈希儀督調各土官目兵

廣西布政司分守左江道右參議康朗廣西按

察司帶管整飭兵備兼管分巡左江道副使徐

禎分守潯梧地方左參將王寵分守柳慶地方

右參將劉遠各督押前到雷州及行委廣東按

察司巡視海道副使黃光昇顧覔海船渡兵今

俱齊集應合分哨進剿及查原委統兵廣東都
司署都指揮僉事梁希孔已該臣參効不職守
備惠潮地方惠州衛支俸都指揮僉事張淙陞
任福建行都司軍政僉書俱應改委更替又准
兵部咨爲剿除黎患以靖地方以圖經久事該
吏科右給事中鄭廷鵠題前事本部看得本官
題稱瓊州府屬崖州感恩昌化地方黎賊搆亂
負固不悛進兵之數止於九千不無尚寡當添
調狼土官兵打手數萬期以不誤軍機聲勢大
振所至披靡及搆成功在勇圖揆在謀克捷雖

難經畧爲上其所當圖措并經畧者合三事乞
要再加詳議施行一節爲照本官前項疏陳大
意以黎寇之猖獗異常兵必大集征必慎謀藉
謀以揚威則巨患可息乘威而布法則善後可
圖是其聞見真切計慮周詳相應議擬合候
命下本部移咨提督兩廣都御史歐陽　會行總
兵官督同該地方官員計量賊勢如果重大即
便添調狼兵募集打手人等及時並進大加勦
除其始也據陵水以擣其穴而遏其趨安黎岐
以散其黨而孤其勢土舍藏姦多方防杜首功

多寡不必大拘如前所云當圖撰者其終也招集新民定以約束多興學校禁挾弓矢復故地設縣所授田廬鑿通衢防阻塞建衆將於要地使之畫便宜治城郭興水利從反側如前所云當經畧者若果有關於用兵及善後之道務要一一舉行中間儻有未盡或難於執泥者亦聽隨時斟酌期於計出萬全功收一舉以爲瓚人求利勿蹈往年故轍徆於近功因循苟簡塞責了事其所稱建立衆將久任責成一事循係要務查得嘉靖十九年瓚崖等處已經設有此官

後該彼處提督建言裁革不虞其有今日似失之輕合無備行撫鎮衙門作速查議如果相應復設即便相擇適中堪以駐劄地方畫圖貼說并查舉謀勇素著堪任參將官數員一併題

請定奪再照前項黎賊僭立名號攻逼所城流刦鄉村殺害人民不計其數州縣地方五六百里之間道路為之不通是其禍甚慘而其勢甚危地方兵備而下軍衛有司責俱難辭但時屬軍興過亦可使合無仍行兩廣提督軍門徑自嚴督各官戴罪幹理彼中兵糧等項待後事寧分

別功罪明白具
奏以憑議擬賞罰等因具題奉
聖旨這剿捕黎賊并處置地方事宜都依擬行兵備
等官姑着戴罪管事欽此欽遵備咨前來欽遵
通行外臣會同鎮守兩廣地方總兵官征蠻將
軍太保兼太子太保平江伯陳　議照崖州感
恩昌化等州縣地方廣濶山崗險深黎賊兇悍
狡猾倍於往昔勢須大舉方克有濟已經陸續
調集漢土官兵八萬七千有零謹按地圖分為
中左右三大哨中大哨行委廣東都司署都指

揮僉事張國威廣東按察司僉事徐緝督統漢
達官軍打手并思恩田州泗城上林等五府州
縣司土官目兵内分二小哨俱從感恩縣取路
進剿抱里千家多凋德霞羅活止宥方細等村
巢賊左大哨行委原任分守雷廉高肇地方左
叅將今聽調武鸞廣東按察司副使錢嶫督統
漢達官軍打手并向武南丹那地歸順忠州都
康六州土官目兵内分二小哨俱從感恩縣取
路進剿止強石訟抱道南夏陀老落[illegible]否淺等
村巢賊右大哨行委廣東都司添註署都指揮

僉事俞大猷廣東按察司副使朱道瀾督統漢
達官軍打手并恩明鎮安東蘭湖潤安隆江州
奉議果化八府州司目兵內分二小哨俱從昌
化縣取路進剿峩乍那井必政茅安峩淺政彩
等村巢賊仍委鎮守廣西地方副總兵沈希儀
提調總領駐劄中哨督率兼調度左右二哨官
兵俱尅定嘉靖二十八年十二月二十八日卯
時一齊抵巢撲剿中間若有被擄人口陷在賊
中不能自拔及賊衆懼誅悔罪投戈願降者大
兵至日許令赤身投赴審實遞送出山從宜安

揮臣等總統各哨親詣雷州府駐劄居中調度
照例約會巡按廣東監察御史陳 同到軍前
糾察姦弊紀驗功次仍坐委廣東布政司右叅
議方民悅總理糧賞廣東按察司副使黄光昇
閱視紀功廣西馴象衛原任福建行都司署都
指揮僉事錢希賢中軍坐營管事申令誓衆務
將前項山崗首惡黎賊嚴加剿滅脅從餘黨招
徠撫安期於海島克靖地方底寧除候獲功及
事寧查覈功罪人員并善後事宜俱另行具
奏外緣係尅期進兵剿賊及懇乞大兵剿除劇惡

黎賊早救民命以全地方事理爲此具本

嘉靖二十八年十二月十六日

欽差提督兩廣軍務兼理巡撫兵部右侍郎兼都察院右副都御史臣歐陽　爲剿平黎賊查覈功罪以明賞罰事據廣東按察司整飭嶺東道兵備兼分巡監督中哨僉事徐綽廣東都司軍政僉書統督中哨署都指揮僉事張國威呈奉臣等會劄爲懇乞大兵剿除劇惡黎賊早救民命以全地方事依奉會同將調到漢達官軍目兵分爲四小哨一哨指揮楊燁部領官軍打手

并田州上林歸德向武等目兵由解朗路進剿抱里抱麻抱榜千家抱井等村巢一哨指揮胡有名部領官軍打手并泗城上林目兵由黄鰲路進剿抱宥多淵抱止肥抱解等村巢一哨指揮王溥部領官軍打手并思恩目兵由北黎港路進剿德霞抱牒抱籠止宥等村巢一哨指揮馬鎮部領官軍打手并田州目兵由響水河路進剿羅活崗七坊抱道辨銃允陽甕桐等村巢指揮安憲李儲芳部領官軍打手專在中軍策應并量撥旗軍打手黎兵鄉兵責委指揮趙廷

舉把截落基營指揮任漢把截牙力營指揮陳
忠言把截高村河營職等督押各哨軍兵齊至
牙力營宣布威令照依赳定嘉靖二十八年十
二月二十八日卯時一齊抵巢各賊於險隘逕
路豎立排柵開掘濠塹懸木壘石預爲準備仍
用強弓利矢皮盔角甲聚集各山險嶺結陣以
待指揮楊燁馬鎮二哨官兵會攻千家等村巢
營陣方布各賊擁衆突出挑戰賊高我下兵未
得利乃引兵少退佯爲敗勢各賊奔擁下山我
軍奮勇直衝其中田州土官男岑芝親斬大賊

首那夲一顆上林縣土官男黄文瓚親斬賊首
那傑一顆各兵乘勝殺入斬獲賊從四十一顆
被賊射死黄文瓚馬一匹被傷軍兵一十四名
指揮馬鎮哨官兵督同岑芝目兵徑抵羅活大
巢各賊吹角爲號箭下如雨我兵分爲奇正賊
果衝突中軍射死目兵二名奇兵左右齊發鼓
譟而前岑芝當陣斬獲賊一顆各兵奮勇争先
斬獲賊從五十九顆追趕至抱雨山連斬賊從
九十四顆被傷軍兵三十六名陣亡目兵一十
四名指揮胡有名王溥會兵夾攻德霞抱宥等

巢胡有名部下斬獲賊從二十七顆被傷軍兵一十一名王溥部下斬獲賊從三十五顆被傷軍兵一十名餘賊奔散走投抱井抱觧抱憏抱榜㼀桐等處高山絶嶺縁崖附木各立巢寨夜則吹角相呼聚集職等慮恐各賊合勢難以卒勝隨将四哨官兵每哨又分爲三小哨於賊行要還結爲連珠營以絶其往来道路旌旗火鼓晝夜不絶以疑賊心乃令各哨官兵四路攻打連破抱井抱盖㼀桐抱榜等巢楊燁哨生擒賊首一名蔡四仔賊從五名斬獲賊首那閑等三

顆賊從一百八十一顆被傷軍兵三十二名馬
鎮哨生擒賊從七名斬獲大賊首那恨一顆賊
首那爪等五顆賊從一百八十四顆被傷目兵
一十九名陣亡目兵六名胡有名哨生擒賊從
八名斬獲大賊首那貶一顆賊首那享等四顆
賊從二百三十顆被傷軍兵三十九名陣亡目
兵一名王溥哨生擒賊從一名斬獲大賊首那
吽一顆賊首那吞等二顆賊從一百顆被傷軍
兵一十二名指揮安憲李儲芳哨生擒賊首一
名陳福賊從十三名斬獲賊從十二顆其允陽

一帶係生岐巢穴去羅活一百餘里崖壁峻絕藤棘叢結抱宥德霞羅活等巢夥猾惡賊尚有逃藏於內傳箭深岐搆聚欲出鬪敵職等先令黄文瓚帶同頭目潛往哨探一面督發各哨官兵抵巢看得前巢峻壁插天巖壑百丈磵木瀼石正路難進選差善懸崖者十人各持一炮於寨左緣藤而上埋伏於後山又令數十人各持苦茅一束埋伏於左山深樹中尅定日時進攻火炮齊發各賊不虞我兵能入自相驚擾官兵奮勇攀崖爭先各賊男婦牛畜奔命投崖墮壑

者不可勝計馬鎮哨斬獲賊首那愬等五顆賊
從二百一十八顆被傷目兵打手共一十一名
陣亡達舍打手共二名王溥哨斬獲賊首那隱
等三顆賊從一百九十九顆被傷目兵七名胡
有名哨斬獲賊首那墩等二顆賊從一百五十
三顆被傷目兵三名楊燁哨斬獲賊首那橋等
二顆賊從五十五顆被傷目兵五名大賊首那
卓帯賊二百餘徒奔命官兵冒險窮追至抱吊
山馬鎮哨生擒賊從六名斬獲賊首那堆等二
顆賊從四十四顆被傷目兵四名楊燁哨生擒

賊從七名斬獲賊從六十顆被傷目兵五名黃文瓚望見一賊皮盔角甲甚整料是那卓拚命追捕至亢乜山斬獲那卓彼黃文瓚被暗箭射中胸膛回營身死胡有名哨生擒賊從九名斬獲賊從三十一顆王溥哨生擒賊從九名斬獲賊從三十四顆楊烽哨斬獲賊從六顆馬鎮哨斬獲賊從五顆官兵四路搜扒去五指山七八里只見禾苗茂盛並無賊踪掣兵而返本哨通共擒斬首從賊人賊級一千八百七十名顆俘獲賊屬男女三百八十八名口奪回被擄男女

一十七名口奪獲器械八百零九件牛六十五頭馬一匹及差人齎執旗榜撫諭投順除老幼并婦女不計及以後招出另報外共見招過男子三百九十八名俱審實心向化陸續發崖州安插其羅活峒道路自西北至抱宥抱墩抱觧抱榜黄鰲直至黄流自西南至多潤千家觧朗直至九所各一帶二百餘里督令搖鑿木石填塞溪塹每路闊三丈餘俱為車馬往来通衢除將前項功次俱行觧報賊屬牛馬委官變賣銀両入官器械給發各哨軍兵打手領用被擄人

口審實給親及将土官目兵人等於嘉靖二十九年四月初三日掣回休息量留旗軍打手人等委指揮等官李儲芳等督領在彼防守外爲照瓊崖黎岐延袤千里外有重山疊嶺以扼其隘口内有峭壁荆蘿以盤其巢穴種類繁息弓矢矯捷而千家多澗抱宥德霞羅活直至允陽一帶約三百餘里尤爲黎岐淵藪但自昔用兵未有擣其巢穴以致各賊憑險僭竊荼毒萬姓井邑丘墟人民耗敝怨恨之氣播於上穹玆者官軍奮勇萬衆協心擣穴犂巢剿撫殆盡一方

蕩平千里柸席等因又據廣東按察司清軍監
督左哨副使錢嶫原任分守雷廉高肇地方今
聽調統督左哨左參將署都指揮僉事武鸞呈
稱依奉將調到漢達官軍土官目兵分爲二小
哨一抱浩哨委都指揮殷紹禹部領旗軍達官
打手并向武那地歸順州土兵由高村河路進
一抱蘊哨委以都指揮體統行事指揮黑孟陽
部領旗軍達官打手并南丹都康忠州土兵由
抱損村路進合剿抱浩抱道南夏陀老晨門抱
世落段否淺抱班多巷止強石訟抱顯等三十

餘村巢及委指揮顧賢部領旗軍達官打手并思恩報効目兵專在中軍策應并量撥旗軍鄉兵黎兵民壯打手責委知州指揮等官鄭民舉等把截即温高村大茅榆林長沙姚妹等營職等督押目兵齊至崖州申令宣誓遵照尅期嘉靖二十八年十二月二十八日卯時一齊抵巢指揮黒孟陽當日進攻否淺落毆抱班三巢各賊糾集千餘下山拒敵官兵奮勇衝擊各州目兵斬獲次賊首那恨那懇并賊從共一百三十八顆陣亡土兵二名被傷目兵十九名都指揮

殷紹禹督兵到合面嶺賊徒聚衆預在埋伏本
嶺峭聳樹木蒙翳石路欹滑官兵攀援次第挨
登各賊憑險拒敵礌石滚木亂擲如雨目兵被
傷奮敵自卯至申殷紹禹設法分枝别進攻開
排閘各兵斬獲賊從一十九顆各賊勢敗奔入
大山官兵黏踪二十九日直至止強巢賊徒又
先據嶺向武州土官知州黄仲金歸順州官族
岑球一枝官兵由深水抱道逕進各賊分踪拒
敵黄仲金親督目兵衝開寨門斬獲賊從一顆
追至抱世嶺各賊奔竄止斬獲賊從二顆抱道

晨門抱世養鲊四村賊先搬併大巢止遺空村
當綂官兵直搗石訟巢各賊原竪排栅數層埋
插簕簝望見兵至呼衆迎敵目兵呐喊奮擊巢
破當陣斬獲賊從三十八顆大賊首那捧被傷
一箭脱走陣亡目兵五名被傷目兵二十一名
指揮顧賢哨官兵亦至交戰斬獲賊從七顆被
傷打手五名餘賊奔散合面抱班等嶺藏伏連
日分兵追剿殷紹禹哨斬獲大賊首李那悼次
賊首李丙黨并賊從共一百零一顆陣亡目兵
四名被傷目兵十六名黑孟陽哨斬獲賊從一

百七十顆被傷目兵十五名顧賢哨斬獲賊從
三十九顆被傷旗軍二名崖州抱朧多港二村
聽撫黎人斬獲賊從二顆把截大茅營巡檢鍾
子曉下斬獲賊從二顆落基營百户劉謨下斬
獲賊從一顆殷紹禹據報黎賊一宗約一百餘
徒乜劄抱谷大山督率官兵前至山脚仰見峯
巒突兀人馬不通各兵捨馬從間道雜上各賊
蠭擁拒敵迎戰數合有向武州目兵冒死衝入
賊陣斬獲賊從二顆諸兵乘勝斬獲賊從一十
四顆各賊且戰且遯目兵黏踪追至仰斗等山

斬獲賊從二十四顆被傷目兵十名黑孟陽據
報有賊結踪屯聚多港後山本官見得岡谿交
阻鼓舞官兵挨牌蔽矢直前迎敵當陣斬獲賊
從一十二顆各賊潰遯落段否淺等山黏追斬
獲賊從三十一顆被傷目兵十三名又據報止
強止哈小營等巢賊徒在于抱籠等山屯劄時
殷紹禹哨官兵已往抱谷山黑孟陽哨官兵已
往多港等山各搜剿不在參將武鸞率同顧賢
哨漢達官軍打手目兵鄉兵人等齊至抱籠山
包圍分枝前進賊據險設閘矢石齊下路窄巖

高兵難竝進當分兵一半在于閘口徉引戰鬬
一半於深密山箐取路先登各賊因見閘口有
兵盡来拒守輪流出敵陰計後兵将到賊壘前
兵炮響爲㔁腹背夾攻當陣斬獲賊從二十九
顆各賊奔遯目兵襲至打日等山又斬獲賊從
四十一顆被傷軍人打手三名又據目兵鄉導
人等禀稱大賊首那燕那擇各帶劇賊潛入岐
山藏躲各岐不容殺逐出外那燕等潛在抱龍
大山那擇同伊男那代并次賊首那夏等潛在
繞龍大山藏躲各哨官兵包圍四面那燕那擇

等逖入別穴殷紹禹哨設計生擒大賊首那燕一名被傷軍兵三名顧賢哨設計生擒大賊首那捧次賊首那夏那代共三名官兵仍夾剿抱頂籠大山各賊分枝出敵目兵争先交戰殷紹禹哨斬獲賊從一百四十八顆陣亡目兵六名被傷軍兵打手三十八名顧賢哨斬獲賊從五十五顆盡將賊巢燒毁黒孟陽據南丹州目兵禀稱搜扒至地名混嶺遇賊結巢山谷險峻兵寡不敵黒孟陽親督官兵接戰數合直至日暮收兵密分四哨乘夜透山取路繞出其背包圍

攻打至辰克破當陣斬獲大賊首那乃并賊從
共一百五十三顆又擄走報残賊一宗約有千
百餘徒在於南囬德按大石嶺等山裝伏屯劄
職等分遣健步尅日合併攻剿各賊逞兇拒敵
各官設謀激衆目兵分投鼓譟而進當日攻破
各巢排柵殺紹禹哨斬獲大賊首那内次賊首
那雀并賊從共一百四十五顆陣亡目兵九名
被傷目兵三十一名黑孟陽哨斬獲賊從一百
五十六顆陣亡目兵二十名被傷目兵九十名
顧賢哨斬獲賊從六十九顆各俘獲賊屬男婦

不等三哨官兵連日搜扒南夏陀老抱班仰斗止哈一帶山巢殷紹禹哨生擒次賊首那敗歲斬獲大賊首苻亞壁那現次賊首那禍并各賊從共一百零九名顆陣亡目兵三名被傷目兵十六名黑孟陽哨斬獲賊從三十四顆陣亡目兵十九名被傷目兵五十二名顧賢哨斬獲賊從七十顆又節據抱懷村聽撫黎入并鄉老鄉導那會吴尚端等及把截榆林營巡檢唐本連姚妹營經歷何組千户谷中寶各陸續擒解送賊那虎羅堆等十一名又據各州頭目韋敬李

旭并緝事盧儫等報稱領兵前進南夏陀老等
山殺敗殘賊黏蹤追趕多挼抱班抱打乇豪官
田各巢并附近後山藏匿各兵奮猛向前冒險
截殺殷紹禹哨斬獲賊從六十二顆被傷目兵
三名黑孟陽哨斬獲賊從二十顆被傷目兵二
名顧賢哨斬獲石訟巢次賊首那兊并賊從共
四十一顆又據報稱各賊見褧抱顯村約四五
百徒俱勍賊潛通各山徃来接濟職會督三哨
官挑選精兵前去擒剿各賊先自嚴備礧木巨
石堵塞排栅占據高崗矢發如雨官兵迭用火

箭藥弩大斧長鎗間道深入自寅至午盡蹬賊寨殺絕禹哨生擒次賊首李宗烈審係那燕等軍師斬獲次賊首李宗能并各賊從共三百八十一名顆顧賢哨斬獲賊從六十九顆二哨共被傷目兵十三名旗軍打手十一名又各哨官兵陸續搜扒斬獲賊從三十四顆本哨通共擒斬首從賊人賊級二千二百三十四名顆俘獲賊屬男女奪回被擄男婦奪獲牛馬各除照格給賞器械亦除簡給各兵外賊屬四百八十六名口被擄男婦八名口牛馬六十一頭匹器械

一千五百二十八件枝招撫過原出脅從實心
投順共二千一百餘名及原先在城安插七百
餘名各婦女及老幼不計除將功次通行解報
賊屬牛馬發崖州并分理糧賞委官變賣價銀
貯庫被擄男婦審實給親領回器械貯庫就撫
黎人俱行安插以後續有招到一體施行另報
擇於嘉靖二十九年四月初三日將各土官目
兵掣散量留海南雷州神電衛所漢達官軍打
手人等分布防守遺下黎田聽候委官查勘議
處外職等議照崖州地方僻在儋萬陵感極邊

東西延袤數百餘里中接五指黎毋諸山而止
強石訟抱顯否淺諸巢實係先年濔殄兇黨首
謀攻圍城邑敵殺官兵皆罪惡貫盈神人憤怒
者也今渠魁若那燕那捧那夏那代那敗歲李
宗烈等一向僞號黎将守備軍師等名目者悉
已生擒首從賊徒斬獲功級時雨收於大需之
餘兵農稱快撫招出於迅掃之既海隅奠安等
因又據廣東都司添註軍政僉書統督右哨署
都指揮僉事俞大猷會同廣東按察司整飭兵
備僉分巡海南道監督右哨副使朱道瀾呈稱

職等先期親到附近賊巢昌化縣暫劄緝探得
賊首苻門欽桀惡爲最肆山道路盡行開坑設
閘志在拒敵死戰職等將帶到漢土官兵分撥
指揮鄭金等四面把截指揮吴樹領兵一哨由
峩溝進攻峩顯等巢指揮張重仁領兵一哨由
落梅上下二路進攻峩淺等巢指揮胡松領兵
一哨由陀鑾進攻抱透水尾等巢遵照尅定嘉
靖二十八年十二月二十八日卯時四面齊進
與賊大戰指揮張重仁督兵攻破峩淺巢斬獲
賊從七十顆俘獲老婦幼男十一名口奪獲水

牛二頭馬二匹器械一十五件指揮胡松督兵
攻破抱透水尾巢斬獲賊首苻門福一顆賊從
一十七顆俘獲大婦十口奪獲器械七件指揮
吳樹督兵攻破峩顯巢斬獲賊從六十三顆奪
獲器械一十一件餘賊退據肆山結寨拒敵嘉
靖二十九年正月初二日張重仁督兵斬獲賊
從三十一顆胡松督兵攻破政討等山寨生擒
賊謀主一名柯宗賢斬獲賊從三十顆張重仁
等各哨會兵夾攻峩落山寨初三等日張重仁
部下生擒賊從一名斬獲賊從三十九顆俘獲

老婦幼男八名口奪獲器械三件吳樹部下斬
獲賊從二十九顆奪獲器械九件牛一頭胡松
部下生擒賊從二名斬獲賊從二十九顆俘獲
老婦幼女七口把截松村營千户杜盛督兵生
擒賊從一名斬獲有名賊首苻那底一顆賊從
九顆把截陀興營指揮趙焞督兵斬獲賊從一
顆把截大官田營指揮鄭金督兵斬獲賊從一
顆張重仁督兵攻破陀定山寨生擒賊從三名
斬獲賊從五十八顆俘獲大婦幼男女一十八
名口奪獲水牛二頭器械七件松村營千户杜

盛督兵生擒賊從一名斬獲賊從五顆把截必
攻營指揮陳希周督兵斬獲賊從一顆吳樹胡
松會兵合攻戕望山寨吳樹部下生擒賊從一
名斬獲賊從三十一顆俘獲大婦幼男十名口
奪獲水牛一頭胡松部下斬獲賊從九顆張重
仁部下生擒賊從二名斬獲賊從四十八顆俘
獲大婦幼男十九名口陀與營指揮趙焞督兵
斬獲賊從一十一顆松村營千戶杜盛督兵生
擒賊從一名斬獲賊從五顆俘獲大婦四口胡
松督兵攻雲道山寨斬獲賊從四十一顆俘獲

大婦四口把截松村營百戶陸中玉督兵生擒賊從一名斬獲賊從一十五顆張重仁等各會兵合攻破落鑾山寨張重仁部下生擒賊從三名斬獲賊從二十四顆胡松部下生擒賊從一名斬獲賊從三十一顆吳樹部下生擒賊從一名斬獲賊從四十二顆張重仁督兵攻破抱黑山寨斬獲賊從四十顆胡松督兵攻破茶烏山寨斬獲賊從三十二顆把截必改營指揮陳希周督兵生擒賊從一名斬獲賊從九顆張重仁督兵攻破陀興寨斬獲賊從四顆俘獲大婦幼

男女共四十一名口二十一等日本官復督兵
殄陀興并抱陀山對敵斬獲賊從二十五顆又
斬獲賊從三十四顆吳樹胡松各督兵攻抱定
嶺寨吳樹部下生擒賊從一名斬獲賊從三十
八顆胡松部下斬獲賊從一十七顆俘獲大婦
一口張重仁復督兵殄陀興山斬獲賊從六顆
松村營百戶陸中玉督兵斬獲賊從七顆張重
仁又督兵對敵斬獲賊從共一十五顆胡松督
兵攻破陀戢山寨斬獲賊從一十五顆又攻破
陀茅嶺寨斬獲賊從一十四顆定安縣把截土

舍許承宣斬獲賊從四顆生擒賊從一名二月初一等日吴樹督兵攻破白嶺寨斬獲賊從五十二顆俘獲大婦二口感恩縣知縣項邦柱督兵搜扒斬獲賊從二顆各官兵合攻陀邁嶺寨張重仁部下斬獲賊從七十八顆俘獲大婦五十口胡松部下斬獲賊從一十九顆俘獲大賊首苻門欽毋妻二口又合攻古路朶塞胡松部下斬獲賊首苻那邦等二顆賊從一十顆俘獲大婦三口張重仁部下斬獲賊從一十六顆俘獲大婦一口吴樹部下斬獲賊從二十八顆又

張重仁督兵於古路朶山對敵斬獲賊從一十
三顆胡松督兵斬獲賊從一十顆吳樹督兵斬
獲賊從一十一顆張重仁復督兵斬獲賊從一
十一顆十五等日胡松督兵攻陀港寨斬獲賊
從一十一顆又各哨官兵合攻陀港寨張重仁
部下斬獲賊從七顆胡松部下斬獲賊從一十
四顆吳樹部下斬獲賊從七顆又胡松督兵追
賊至陀岩嶺搜獲自縊有名賊首狩門欽身屍
呈送到職會官拘取本賊首妻母并舊識里舍
緝事人等驗實斬取首級一顆各哨官兵合攻

花𦧲山寨張重仁部下斬獲賊從五顆胡松部
下斬獲賊從七顆吴樹部下斬獲賊從三顆胡
松𣁽督兵斬獲賊從一十六顆各哨官兵合攻
烏攬山寨張重仁部下斬獲賊從四顆胡松部
下斬獲賊從五顆吴樹部下斬獲賊從一顆感
恩縣知縣項邦柱督兵搜山斬獲賊從一顆把
截松村營千户杜盛督兵斬獲賊從一顆至二
十五日賊勢窮極退據于佛陀山各哨官兵合
攻張重仁部下斬獲賊從三顆胡松部下斬獲
賊從三顆吴樹部下斬獲賊從共六顆張重仁

復督兵斬獲賊從三顆胡松督兵斬獲賊從二顆吳樹督兵斬獲賊從三顆前後計筭本哨通共擒斬首從賊人賊級一千二百七十九名顆俘獲賊屬大婦幼男女共一百七十五名口奪獲賊牛六頭馬二匹器械五十二件俱解送紀功官紀驗緣照前項擒斬功級比之原議圖冊該剿首從賊徒名數已足其先給旗榜安插過大官田等村男子符那膽等三百九十名婦女幼男八百二十七名口俱係真心向化似宜存之以見不欺之信又有各村漏刃賊徒逃遯各

山剿殺之餘心膽已碎魂魄半消僅存饑餓未
死之軀近該職等招下狩素養等一百八十八
名婦女幼男三百七十三名口各願復業自新
亦宜存之以見好生之仁以後續有撫到一體
安插另報除暫摘留官軍打手目兵分布防守
候稍定呈掣其餘俱掣放囬等因又據廣東按
察司巡視海道閱視紀功副使黄光昇呈將會
同守巡海南道右叅議方民悦等查過前後獲
功失事人員備開職名論列功罪緣由各到臣
案查先爲走報地方緊急黎情事節據廣東按

察司帶管分巡海南道僉事陳崇慶并海南衛及瓊州府崖州各呈申稱崖州西界止強石訟等村峒黎賊首那燕等作亂搆黨攻刦鄉村殺擄人財燒毀房屋及判官黃本靜差趙坤文等科害激變緣由前來俱經陸續督調漢達官軍打手目兵人等行委廣東都司署都指揮僉事梁希孔原任叅將武鸞各統領前去崖州會同該道守巡官嚴督該府州縣衛所官兵相機設法剿撫并行按察司將判官黃本靜拏究及行該道分巡官將該衛所并督備及該州掌印巡

捕官各俸糧自失事之日爲始住支俱令戴罪
殺賊候事寧備查始末功罪參呈施行又該臣
會同鎮守兩廣地方總兵官征蠻將軍太保兼
太子太保平江伯陳　具本題
知續准兵部咨爲緊急重大黎情早乞添兵應援事
該巡按廣東監察御史黃　題前事該本部
查議合候
命下之日本部移咨提督兩廣都御史歐陽　會
同總兵官陳　查照御史黃　所奏事情協
謀計處審勢相機如果流毒鄉邑法不可原橫

行倡徼勢不容緩一面星馳具
奏一面從宜動調廣州肇慶等處達官達舍及附
近衛所官軍左右兩江土兵大約不過九千員
名分作三枝選委謀勇文武官員統領前去將
前項稔惡黎賊村峒查審明確分別畫圖相機
進剿諸不係爲惡村峒先期分委的當人員曉
諭安業勿使自相驚疑進兵之日仍戒勿得折
馘良善濫及無辜以希功賞違者聽巡按御史
指實糸劾其或首惡已就誅擒餘黨願從招撫
即行從宜處分或即要害處所團結軍兵置戍

或令村峒黎長歲時到官省諭不必興師動衆以滋邊患可剿則剿可撫則撫務期蠻氛早蕩邊城底寧以稱委任及照起釁判官黄本静催行按察司究問從重發落失事知州葉應時百户王羽指揮王維通屬有罪但念用人之際合無俯從所請姑令截住俸糧戴罪殺賊仍移咨都察院轉行彼處巡按御史隨軍紀驗并查都指揮梁希孔先次領兵與賊對敵損傷的實數目通候事寧之日將剿撫過及有功有罪失事人員審擬叅酌分別等第具

奏定奪等因覆題奉
聖旨是欽此欽遵又准兵部咨爲走報地方緊急黎
情事該臣等會題前事奉
聖旨兵部知道欽此欽遵本部查與御史黃 所
奏相同咨臣查照本部先次咨文備奉
欽依内事理會同總兵官陳 一體查照施行各備
咨前來臣等俱經通行欽遵會議續據廣東布
政司呈該本司掌印右布政使蔡雲程會同都
按二司掌印并分守等官覆議得前項叛黎憑
恃險阻大肆猖獗崖民節被殘掠感恩繼遭圍

困焚燒殺戮慘不可言罪惡貫盈神人共憤
天討在所必加大征斯不容已等因并據瓊州府崖
州鄉官原任知縣教官并監生生員趙文獻溫
仁楊仕輔黎士奇等連名呈爲緊急賊情懇乞
大兵征勦事又該臣等會本題
知及行廣東布政司整辦軍需糧餉等項并差官齎
執
令旗令牌分投前去起調左右兩江土官目兵并
附近衛所漢達官軍民壯打手人等又行委鎮
守廣西地方副總兵沈希儀督調各土官目兵

廣西布政司帶管分守右江道右參政魏良輔
分守左江道右參議康朗廣西按察司帶管整
飭左江兵備兼分巡道副使徐禎分守潯梧地
方左參將王寵分守柳慶地方右參將劉遠各
督押前到雷州及行委廣東按察司巡視海道
副使黃光昇雇覓海船渡兵并查原委統兵廣
東都司署都指揮僉事梁希孔已該臣參劾不
職斬訖委惠州衛支俸都指揮僉事張淙更替本
官回衛聽候續准兵部咨爲論劾方面不職官
員以儆官守事該臣題前事本部覆議合候

命下之日本部將梁希孔先行革任負缺即便推補
仍咨提督兩廣右侍郎歐陽　行令本官戴
罪殺賊候事寧之日查覈功罪一併議擬奏
請定奪等因題奉
聖旨是欽此欽遵備咨前來轉行本官欽遵外又准
兵部咨爲剿除黎患以靖地方以圖經久事該
吏科右給事中鄭廷鵠題前事本部覆題奉
聖旨這剿捕黎賊并處置地方事宜都依擬行兵備
等官姑着戴罪管事欽此欽遵備咨前來欽遵
通行外隨該都指揮張淙陞任福建行都司軍

政僉書去訖又該臣等議將調到土官目兵漢
達官軍打手人等分爲中左右三大哨行委廣
東都司署都指揮僉事張國威俞大猷原任左
參將今聽調武鑾廣東按察司副使錢嶸朱道
瀾僉事徐緝各督統進剿仍委鎮守廣西地方
副總兵沈希儀提調總領駐劄中哨督率兼調
度左右二哨官兵俱差官齎執
令旗令牌督押尅定嘉靖二十八年十二月二十
八日卯時一齊抵巢撲剿中間若有被虜人口
陷在賊中不能自拔及賊衆懼誅悔罪投戈願

降者大兵至日許令赤身投赴審實遞送出山
從宜安插又經給榜分發各哨轉發各處村峒
張掛曉諭及給票文發各監統官收候但有聽
撫黎人出官投首每人塡給一張執照不許軍
兵濫殺臣等總統各哨親詣雷州府地方駐劄
居中調度照例約會巡按廣東監察御史陳
同到軍前糾察奸弊紀驗功次仍坐委廣東布
政司右參議方民悅總理糧賞廣東按察司副
使黃光昇閱視紀功廣西馴象衛原任福建行
都司署都指揮僉事錢希賢中軍坐營管事及

照軍需錢糧支應浩繁又行委高州府通判曾廷梅南海衛經歷趙寀惠州府照磨劉孳增城縣縣丞謝良在中哨惠州府通判陳紹先潮州衛經歷羅諤肇慶府知事駱友道博羅縣縣丞陳景和平縣主簿史朝佐在左哨廣東按察司檢校陳嵐茂名縣縣丞馮義同南雄千戶所吏目馮藻高州千戶所吏目唐景夷在右哨雷州府通判吳蕙在雷州軍門各分理出納及會本具題外續節據提調總領官副總兵沈希儀并各哨監統副使都指揮等官錢嶫俞大猷等各

陸續呈將攻破巢寨擒斬賊人賊級及俘獲賊
屬人口奪獲牛馬器械等項解報俱經巡按御
史原委廣東按察司副使黄光昇審閱紀驗獲
功官兵俱量行給賞陣亡傷故被傷者給與銀
兩以為營葬湯藥之資坐擒首從賊徒那燕等
解送前來發廣東布政司清軍右布政使劉采
會同分守雷廉高肇地方左參將馮文焯查審
無冤該臣等遵照兵部奏
准嚴法令以靖地方事例押赴市曹處決其餘有
詞可矜者監候勘問外又查得別卷爲明時弊

申大體以裨邊政事准兵部咨該兵科都給事
中胡叔廉等題前事內一款正功賞之議本部
覆議合候
命下移咨總督撫鎮官員今後遇有地方斬獲功級
總兵官飛報捷音督撫總其功罪具實奏
聞巡按御史廉實舉劾等因題奉
聖旨都准議欽此欽遵備咨前來欽遵通行在卷今
據前因臣爲照廣東瓊州府地方孤懸海外而
崖州尤爲極南絕域與陵感萬昌等州縣境上
接聯黎岐盤據恃五指諸山以爲險習強弓毒

矢以爲威叛服不常自昔而然至今則生齒日
繁黨類日衆故其狡猾强悍視昔尤加如嘉靖
十八九等年崖陵等處那紅等聚衆數千餘徒
肆行流刼然猶尚知畏懼陽聽撫順雖鼓亂數
年未敢犯及營堡逼及城邑僭及官職擅及署
置如今日者也今自那燕等倡亂於崖州符門
欽等響應於昌化感恩僞稱總兵參將等官僭
乘轎馬張皇儀衞各立軍師每出必擁衆數千
始逼崖州城繼圍感恩縣城又繼而攻南北溝
等營且至于再至于三而不悔所過殺戮支解

虜掠燒毀必盡曾不二年間三州縣之地蕩自
丘墟道路阻絶舉海南之境被其動揺是其罪
惡貫盈誠神人之所共憤
王法之所必誅而弗可赦者也臣等每念其原經收
籍事起忿激引咎開誠多方撫諭雖至於奉有
明命恭行
天討之日猶多出榜文票帖廣開生路尚冀其萬一
悔悟曲爲生全以廣
天地好生之仁昭
神武不殺之威及其所至皆深濠壘塹堅甲毒矢以

相格鬪然後信其自絕於覆載必不容於堯舜之世而有必不可赦者其有誠心悔過釋戈投順者即己給票安插茲三月之間前後擒斬首從賊人賊級計五千三百八十三名顆俘獲賊屬大婦男女一千零四十九名口奪獲賊牛馬一百三十五頭匹器械二千三百八十九件枝奪回被虜大小男婦二十五名口招撫安插除老幼并婦女及以後續到不計外計男丁三千七百七十六名負固者誅之投順者安之首惡靡遺脅從咸釋冤憤之氣既除遷避之民復業

地方底定道路開通是皆仰仗

皇上

聖德同天春生秋肅並行以成歲功臣等遵承

廟謨奉揚

天威致此克捷非區區犬馬之力所能及也顧惟賞

以示勸罰以示懲實自古

國家勵世磨鈍之具而於用兵之道關繫尤切臣

等所以能鼓舞群心奮勇趨事者亦惟宣

國家賞罰之典示以信必之令使之有所畏而知

勸爾除失事如原任分巡海北帶管整飭兵備

兼守巡海南道僉事陳崇慶情懦不職已該臣
叅劾奉有
欽依冠帶間住崖州知州葉應時判官黃本靜貪刻
激變俱經臣行按察司提問如律獲功如領哨
策應把截等項都指揮指揮千百戶等官殷紹
禹楊燁王溥胡松胡有名吳樹馬鎮安憲李儲
芳趙燖鄭金陳希周杜盛等俱經巡按廣東監
察御史紀驗功次照例聽覈實造冊另行奏繳
施行外臣查得監督三哨副使錢嶫朱道瀾僉
事徐綽提調總領副總兵沈希儀統督三哨原

任左參將今聽調武鸞原任署都指揮僉事今陞右參將俞大猷署都指揮僉事張國威各承監統提調之責均著督理區畫之能或先事揆策以效萬全之圖或臨敵設奇而收一鼓之捷奔走於波濤巖險之中多方賈勇衝冒於瘴癘鋒鏑之際罔敢愛身內武鸞防守之日獨久卻賊之績屢彰此皆功勞顯著所當優敘者也右參議今陞副使方民悅職分守而消七坊之變於未形總糧賞而制三哨之用以不乏副使黄光昇督調兵船而翕散俱有條理閱驗功級而

稽察極其精明此皆功勞並著均當優叙者也
廣西先任右叅政今陞按察使魏良輔右叅議
康朗副使徐禎左叅將王寵原任右叅將今陞
江淮總兵官劉遠各承委督調土兵或鼓舞有
道使各官目奔命之恐後或約束有方俾各道
路奉法而無擾廣東都布按三司原任右布政
使今丁憂蔡雲程左叅政沈應龍按察使今陞
任李遂副使今陞任蔡克廉署都指揮僉事劉
滋各先後署掌印事或効謀於軍需之理辦而
用無匱乏或協議於戎務之區畫而事適機宜

此皆任事効勞官員所當均叙者也中軍坐營原任都指揮僉事錢希賢梧州坐營都指揮僉事蔡禎職司戎馬分布有條廣州府署印通判曾廣翰雷州府署印同知張準瓊州府署印同知陳瑤崖州署印瓊州府通判鄒伯貞梧州府知府翁世經各以職事協辦軍需處置周詳供應不匱內鄒伯貞承廢隊之政而脩舉獨苦撫残傷之衆而安集尤多萬州今考察調任知州鄺民舉儋州知州陳澶定安縣知縣徐希朱瓊州府經歷何組廣東按察司檢校陳嵐高州府

通判曾廷梅惠州府通判陳紹先雷州府今考
察去任通判吳蕙南海衛經歷趙宋潮州衛經
歷羅謂肇慶府知事駱友道惠州府照磨劉摯
增城縣縣丞謝良博羅縣縣丞陳景茂名縣縣
丞馮義同和平縣令考察去任主簿史朝佐南
雄守禦千戶所令考察去任吏目馮藻高州守
禦千戶所吏目唐景爽或委把截地方或委分
理糧賞皆能不辭艱險頗效勤勞以上各官亦
當量叙者也又如總督備倭以都指揮體統行
事神電衛指揮使黑孟陽雷州衛指揮僉事顧

賢各先發防守地方既數坐觀而致敗繼委統領小哨又不應機以圖成神電衛指揮僉事張重仁身膺領哨懷利心以妄圖事每遺機致賊首而久遁防守崖州廣州後衛指揮僉事任漢守把牙力營海南衛左所百戶黃國忠哨守昌化縣馬嶺營儋州所百戶陸中玉各承地方之委殊無截捕之功感恩縣知縣項邦柱專膺城守之寄難逃失事之愆但各官繼能自奮俱獲有功內項邦柱兩入賊巢身親撫諭事雖中變志誠足嘉此皆功過相等俱應准贖者也督備

儋昌崖地方海南衛戴罪殺賊指揮僉事王維
平時既守備不設臨事復畏縮不前良民之被
虜被殺者無葬會不動心村落之或破或逃者
相望尚徒束手及其抱迫切而告救猶忍發忿
怒而肆威原發協守牙力營海南衛指揮使周
祚防守崖州雷州衛指揮僉事趙廷舉原委領
軍協捕海南衛指揮僉事周昇接掌崖州千户
所印本衛左所千户盛祚守把崖州合水營崖
州所千户洪曉海南衛左所千户谷中寶守把
牙力營崖州所百户劉謨儋州所百户薛元明

原發領軍防守崖州廣州左衛中所千戶王鑾
節值黎賊出刧旣不能奮勇以截捕數遇官軍
戰敗又不能相機以救援俱屬有罪內周昇已
故王維周祚等雖隨軍各獲有功但罪重功微
難以准贖者也原委防捕廣東都司署都指揮
僉事令革任梁希孔領兵初至接撫者即五十
餘村寵妾繼收用事者惟一二奸黨軍中而肆
淫樂事犯不祥屬官日共戲酣機用多泄軍威
因而盡廢師徒之喪敗實多賊勢由之日張士
民之寃號莫訴崖州千戶所原掌印千戶王鳳

嗚續委署印兼巡捕戴罪殺賊百户王羽貪饕
是肆險詐尤深責放軍人餘丁弛備已久科索
黎夷財物歛怨已叢誘將官娶妾以結爲腹心
假酗酒戲樂而探泄機事海南衛原掌印今陞
德慶守備指揮僉事李重敷原暫署崖州所印
本衛後所千户吴愷先後防守合水營海南衛
前所千户俞宗左所百户王承恩先後哨守感
恩縣縣門堡昌化所百户陶繼先儋州所百户
何浩昌化千户所掌印崖州所千户陳畢昌化
所巡捕海南衛右所百户郁漢俱膺軍兵之管

轄坐視盜賊之縱橫瓊州府知府金椿原委領
兵協捕照磨杜格崖州先巡捕後兼署印吏目
王徽感恩縣巡捕典史洪孔仁昌化縣知縣黃
彬巡捕典史趙天彝地方之責任有歸職守之
荒惰已甚內梁希孔王羽各原奉
欽依行令戴罪殺賊梁希孔自革任回衞竟不在哨
立功王羽爲別事提去亦未有功可贖與王鳳
鳴等皆有罪無功但金椿洪孔仁黃彬趙天彝
各已考察去任似應免究其梁希孔等俱應提
問者也及照副使朱道瀾僉事徐緝見奉考察

去任但各官監督之功似不可泯隨查得嘉靖
二十五年内該前提督兩廣軍務兵部右侍郎
兼都御史張　督調官兵征進廣西柳州里隆
地方該府知府江灡從征有功被劾閑住事竣
班師題奉
欽依江灡陞一級致仕今朱道瀾等比與事體相同
如蒙
皇上軫念邊方用武之地
勅下該部再加查議將前項有功劾勞官員酌擬
上請量加陞賞朱道瀾徐緝比照江灡事例各量陞

職級准其致仕功過相等官員俱與准贖與在
罪考察去任官員俱免究其見任有罪無功與
罪重功微各官俱行巡按監察御史提問庶有
功者知所勸有罪者知所懲而將來地方用事
亦不患其乏才矣再照前項賊徒俱已平定然
久安之策所宜預圖除將調征兩廣漢達官軍
土官目兵人等量行犒賞掣放休息及行參將
俞大猷兵備副使方民悅酌量摘留目兵打手
漢達官軍鄉兵黎兵人等分撥緊關要害去處
立營防守藉此兵威之餘將各山逃匿殘徒盡

行招撫安揷復業候數月之後事體稍定人心
稍安漸次掣放并查各被害地方量行賑濟投
撫殘黎量行優卹仍將給事中鄭廷鵠奏行興
學校禁弓矢設縣所鑿通衢興水利徙夏側等
項善後事宜各從長查議施行外緣係剿平黎
賊查覈功罪以明賞罰事理未敢擅便爲此具
本請
旨
嘉靖二十九年五月二十九日

交黎剿平事畧卷之四